新 工 科

电子信息类专业工程导论

主　编◎张天飞　裴进明　章敏凤
副主编◎丁　娇　张　磊　刘春静　张编妹　张迎春

华中科技大学出版社
http://www.hustp.com
中国·武汉

图书在版编目(CIP)数据

新工科电子信息类专业工程导论/张天飞,裴进明,章敏凤主编. —武汉:华中科技大学出版社,2022.8
(2024.9重印)
ISBN 978-7-5680-8348-5

Ⅰ.①新… Ⅱ.①张… ②裴… ③章… Ⅲ.①电子信息-信息工程-高等学校-教学参考资料
Ⅳ.①G203

中国版本图书馆CIP数据核字(2022)第144471号

新工科电子信息类专业工程导论
Xin-gongke Dianzi Xinxi Lei Zhuanye Gongcheng Daolun

张天飞 裴进明 章敏凤 主编

策划编辑:曾　光	
责任编辑:白　慧	
封面设计:孢　子	
责任监印:徐　露	
出版发行:华中科技大学出版社(中国·武汉)	电话:(027)81321913
武汉市东湖新技术开发区华工科技园	邮编:430223
录　　排:华中科技大学惠友文印中心	
印　　刷:武汉邮科印务有限公司	
开　　本:787mm×1092mm　1/16	
印　　张:10.75	
字　　数:274千字	
版　　次:2024年9月第1版第5次印刷	
定　　价:46.00元	

本书若有印装质量问题,请向出版社营销中心调换
全国免费服务热线:400-6679-118　竭诚为您服务
版权所有　侵权必究

序言

　　道,是自然运行的规律。术,是人遵行自然规律的做事方式。

　　编写本书的灵感源自阅读《通信之道——从微积分到5G》。《通信之道——从微积分到5G》将数学和通信技术原理知识高度融合在一起,并且循序渐进地进行讲解,非常适合大学生阅读,美中不足的是没有大量提及通信工程涉及的实践性内容,而这些恰恰是工科大学生迫切需要的。因此,我们编写了一本以培养应用型通信工程及相关专业的工程师为目标的专门教材——《新工科电子信息类专业工程导论》,以区别于传统工科大学的教学内容和教材体系。

　　举例而言,量子通信无疑是当前热门的前沿通信技术,要完全理解量子通信的原理绝非易事,但这并不表示电子信息类专业的学生就不可能搭建一个量子通信链路,实际上,只要知道如何把信号调制到量子态并且制作出量子收发机来完成通信就可以了。正如一个木工虽然不懂某胶水的配方,但只要知道其功能和性质,照样可以用它来黏合木头。由此可见,帮助学生搭建知识框架结构是十分必要的。

　　本教材力图从工程师的角度去安排教学内容,站在学生的立场来把握教学内容的深度和广度,强调知识框架和体系,着眼于引导学生探索和思考,激发学生学习的内驱力,将重点放在方法和实践上。针对信息时代资源泛滥和良莠难辨的现状,本教材力图形成高度浓缩的总体框架和层层深入的技术细节,循序渐进地把精彩的电子信息类工程技术呈现给未来的工程师。

　　本书分六章,分别是第1章概论、第2章硬件、第3章软件、第4章信息、第5章网络和第6章产品。在内容设计上遵循删繁就简、层层深入的原则,不让知识成为负担。在每一章里都凝练出了若干核心概念,通过举例进行讲解,这些概念都是需要学生牢牢掌握的,是学生思考信息通信问题的起点和基础,更是学生将来不断学习的方向和线索。

　　教材是确保教学质量的基础,其中需要把握难度、深度、广度、高度、强度和精度等很多维度,特别是在信息时代,对这些维度的把握还需要在实践中不断分析总结。

　　要实现上面的目标绝非易事,但这个想法得到了学校、学院和教研室同事的大力支持。在此表示衷心感谢!

　　本教材的序言、第1章及第6章由裴进明老师编写,第2章由张天飞老师和丁娇老师编写,第3章由刘春静老师编写,第4章由张迎春老师编写,第5章由张磊老师编写,全书由张天飞老师统一整理,陈曦老师及史玉华老师协助校稿。

教材编写过程中,得到了章敏凤、徐旺等老师的关心和鼓励,学院其他同事也给予了很多支持,在此表示感谢!

学习信息与通信工程的目的在于巧妙运用现代技术,让我们的生活更美好!

编　者

2022 年 3 月 18 日

目录

第 1 章 概论 ··········· 1
1.1 信息与通信工程类本科专业简介 ··········· 1
1.2 新工科的形势和要求 ··········· 1
1.3 本教材安排说明 ··········· 2
第 2 章 硬件 ··········· 3
2.1 什么是硬件 ··········· 3
2.2 硬件发展历史与现状 ··········· 12
2.3 核心概念 ··········· 15
2.4 典型应用 ··········· 38
2.5 进一步学习 ··········· 49
参考文献 ··········· 55
第 3 章 软件 ··········· 56
3.1 什么是软件 ··········· 56
3.2 软件发展历史与现状 ··········· 62
3.3 核心概念 ··········· 69
3.4 典型应用 ··········· 75
3.5 进一步学习 ··········· 89
参考文献 ··········· 92
第 4 章 信息 ··········· 94
4.1 什么是信息 ··········· 94
4.2 核心概念 ··········· 96
4.3 典型应用——基于物联网的智能家居系统 ··········· 109
4.4 进一步学习 ··········· 111
参考文献 ··········· 113
第 5 章 网络 ··········· 115
5.1 什么是网络 ··········· 115
5.2 网络基础知识 ··········· 116
5.3 核心概念 ··········· 124
5.4 典型应用 ··········· 139

1

5.5 进一步学习 ··· 150
参考文献 ··· 156
第6章 产品 ·· 157
6.1 产品基础 ··· 157
6.2 核心概念 ··· 159
6.3 典型应用 ··· 162
6.4 进一步思考 ··· 164

第1章 概 论

1.1 信息与通信工程类本科专业简介

我国目前在信息学科领域分设了信息与通信工程(0810)、电子科学与技术(0809)、控制科学与工程(0811)、计算机科学与技术(0812)四个一级学科。在信息与通信工程下设有通信与信息系统(081001)、信号与信息处理(081002)两个二级学科。

对应信息与通信工程一级学科,我国设置了相应的博士、硕士和本科培养体系,其中开设电子信息工程和/或通信工程本科专业的院校有一千多所,学习人数庞大,社会需求旺盛,就业前景良好。

信息与通信技术是信息技术与通信技术相融合而形成的一个新的概念和新的技术领域。21世纪初,八国首脑发表的《全球信息社会冲绳宪章》中提出:"信息通信技术是21世纪社会发展的最强有力的动力之一,将迅速成为世界经济增长的重要动力。"信息与通信技术简称为ICT,在信息化时代具有引领社会和科技发展的领头羊作用。ICT是一个涵盖性术语,是物联网应用的基础。一方面,它推动了社会的巨大进步。另一方面,它给该领域的高等教育带来了巨大挑战,主要表现在两个方面:第一,技术和知识呈爆炸性增长,如5G的R15冻结版本形成的文档有3000多万字,按照每人一天阅读一万字的速度,需要近10年时间才能读完;第二,技术更新速度惊人,不断有新技术、新方法出现,修正甚至颠覆原来的知识,比如蓝牙2.0几乎已经被淘汰,现在基本采用蓝牙4.0以上,最新版本在技术指标上有明显进步。

以上变化给高等教育带来巨大挑战,传统的课程内容跟不上科技发展,教师的知识结构需要不断更新,学生获取资源的方式有了巨大变化,靠一本书去教一辈子专业课已经不再可能。唯有变革才能迎接挑战,才有可能获得更大的进步!

1.2 新工科的形势和要求

2017年2月以来,教育部积极推进新工科建设,先后推动"复旦共识"、"天大行动"和"北京指南",并发布了《关于开展新工科研究与实践的通知》《关于推荐新工科研究与实践项目的通知》,全力探索领跑全球工程教育的中国模式、中国经验,助力建设高等教育强国。

2017年2月20日,教育部高等教育司发布《关于开展新工科研究与实践的通知》。

2017年6月16日,教育部发布《关于推荐新工科研究与实践项目的通知》。

2018年3月15日,教育部办公厅发布《关于公布首批"新工科"研究与实践项目的通知》。

2018年4月2日,教育部办公厅发布《关于印发〈高等学校人工智能创新行动计划〉的通知》，要求推进新工科建设。

2020年5月，为推进新工科建设再深化、再拓展、再突破、再出发，推动高校加快体制机制创新，做好未来科技创新领军人才的前瞻性和战略性培养，抢占未来科技发展先机，教育部决定在高等学校培育建设一批未来技术学院。

以上都是我国政府从战略角度为高等教育做出的规划和引导。本教材就是在这样的大环境下对教学内容改革的一个小尝试。

1.3 本教材安排说明

在多年探索和深入学习理解当前新工科建设的内涵后，结合信息与通信工程类本科专业现有知识体系和教学模式，本教材从学生角度出发，对一直以来根据学科体系安排的教学内容进行了重新梳理，按照"以学生为中心"和"学以致用"的基本原则，将应学内容安排到硬件、软件、信息、网络和产品五大框架体系内。

在第2章硬件中，从什么是硬件、硬件发展历史与现状、核心概念、典型应用、进一步学习等五个方面展开，涉及课程整理分析知识体系，用楼道触摸延时开关和红外报警器等两个典型应用来引导学生参与实践，培养学生的动手能力，从理论、实践和技能三个角度指出学生进一步学习硬件的方向。

在第3章软件中，从什么是软件、软件发展历史与现状、核心概念、典型应用、进一步学习等五个方面展开，涉及课程整理分析知识体系，抓住面向过程、面向对象、硬件描述语言和软件架构等核心概念，介绍了C语言、C++、Java和Python等软件语言，用基于单片机的超声波雷达测距系统、基于Java的聊天室设计和基于硬件描述语言的数字频率计等三个实际应用引导学生理解软件，培养学生的编程能力。

在第4章信息中，从什么是信息、核心概念、典型应用、进一步学习等四个方面展开，针对信息进行专门分析，通过详细描述信息的采集、存储、处理、传输，帮助学生了解信息处理的全过程，通过引入智能家居具体实例分析，加深学生对信息处理的认识与理解。

在第5章网络中，从什么是网络、网络基础知识、网络中的核心概念、典型应用和进一步学习等五个方面展开，针对计算机网络和移动通信网络进行专门分析，引出七层模型、接口、承载、接入和核心网等概念，通过手机通信过程等具体实例分析，提高学生对网络的认识水平。

在第6章产品中，从产品基础、核心概念、典型应用和进一步思考等四个方面展开，对产品的分类与层次进行梳理，将产品功能、产品开发、批量生产、产品质量、标准和专利等产业界核心概念提供给学生，补全原来本科体系中偏重学术所造成的对产业认识的缺失。通过手机、汽车等产品实例分析强化学生的产品意识，最后通过专利的负面影响以及质量和成本的关系培养学生全面思考问题的意识。

第2章 硬 件

2.1 什么是硬件

2.1.1 硬件释义

硬件(hardware)是计算机硬件的简称,主要是指计算机系统中由电子、机械和光电元件等组成的各种物理装置。这些物理装置按系统结构的要求构成一个有机整体,为计算机软件运行提供物质基础。

因此,硬件是物理层面的,是看得见摸得着的东西,它是一种物质载体、物质基础。从广义上来说,人类都是生活在物质基础之上的,所有看得见摸得着的东西都可统称为硬件。而从狭义上来说,一般所说的硬件指的是电子领域的。

提到硬件,自然就会想到软件,软件代码是人编写的,目前人们所熟知的软件语言(如C语言、C++等)都是通过编译器翻译成汇编语言的,然后汇编语言通过汇编器翻译成机器语言,最后机器语言操控门电路完成相应的动作。所以,没有硬件,软件就没有存在的意义,硬件是一切的基础,硬件设计至关重要。

软件和硬件有明显的区别,至少在工作内容上区别很大。按照行业内的描述,硬件属于底层(一般称为底层硬件),软件属于上层(又分为底层驱动、上层业务以及应用层等)。如果非要举个例子来说明软件和硬件,那最好的例子就是人,硬件指人的躯体,而软件指人的思维。

2.1.2 什么是硬件设计

硬件设计就是根据产品需求规范(product requirement specification,PRS),在产品销售成本(cost of goods sold,COGS)的要求下,利用目前业界成熟的芯片方案或者技术,在规定时间内完成符合性能(performance)、电源(power supply)、功耗(power consumption)、散热(thermal cooling)、噪音(noise)、信号完整性(signal integrity)、电磁辐射(EMC/EMI)、器件采购(component sourcing)、可靠性(reliability)、可测试性(testability)以及可生产性(producibility)等要求的硬件产品。可以看到,一个成功的硬件设计,主要功能的实现只是所有环节中的一小部分。大家会觉得,完成印刷电路板(PCB)的设计就完成了50%的硬件设计工作;如果PCB的主要功能都能实现了,那就完成了80%的工作。实际上不是的,就算PCB的主要功能都实现了,也连30%的进度都没有达到。所以产品的硬件设计是一个漫长的过程。

2.1.3 什么是硬件电路设计

顾名思义,硬件电路设计就是设计硬件电路,要求能够熟练使用相应软件绘制电路与查看

PCB图。硬件设计中的电路设计是硬件设计工程师最重要的工作内容。电路设计考验的是他们的设计基本功,即对一些硬件器件的理解以及灵活应用,比如CPU、电阻、电容、电感、二极管、三极管、保护器件、接口器件、逻辑芯片、电源等。

2.1.4 硬件开发流程

硬件开发一般是指电子产品硬件开发,即一种看得见实物的电子产品研发。比如手机、鼠标、键盘、音响等都是硬件,硬件开发也就是针对这些产品所进行的一系列研究。

硬件开发一般分为以下步骤:原理图设计、电路图设计、PCB设计、测试板生产、功能性测试、稳定性测试、单片机设计、小批量生产、正式投放市场或正式使用等。

具体的开发流程如下:

1. 明确需求

明确硬件总体需求情况,如CPU处理能力、存储容量及速度、I/O端口的分配、接口要求、电平要求、特殊电路要求等。

2. 制定方案

根据需求分析制定硬件总体方案,寻求关键器件及其技术资料、技术途径、技术支持,要比较充分地考虑技术可能性、可靠性以及成本控制,并对开发调试工具提出明确的要求,针对关键器件索取样品。

3. 详细设计

硬件的详细设计包括绘制硬件原理图、绘制单板功能框图及编码、PCB布线,同时完成开发物料清单、生产文件和物料申领等。

(1)总体思路。设计硬件电路,首先需要搞清整体框架和架构。在设计框架时,要搞清楚硬件要实现什么功能,然后找一找是否有能实现同样或相似功能的电路板,以供参考。

(2)理解电路。如果找到了可以参考的电路设计,不能立马复制,需要先看懂并理解,这一方面能提高我们的电路理解能力,另一方面能避免设计时出现错误。如果没有找到参考设计也没关系,先确定大IC芯片,查看datasheet(芯片数据手册),看其关键参数是否符合设计要求,哪些才是需要的关键参数,以及能否看懂这些关键参数。这些都是硬件工程师能力的体现,需要长期的经验积累。这期间,要善于提问,因为自己不懂的东西,别人往往一句话就能点醒你。

(3)硬件电路设计主要分三个部分:原理图、PCB和物料清单(BOM)表。原理图设计就是将前面的思路转化为电路原理图,它很像我们教科书上的电路图。PCB涉及实际的电路板,它是根据原理图转化而来的网表(网表是沟通原理图和PCB的桥梁),将具体的元器件的封装放置(布局)在电路板上,然后根据飞线(也叫预拉线)连接其电信号(布线)。完成了PCB布局与布线后,应该将需要用到的元器件进行归纳,所以我们将用到BOM表。

用什么设计工具?目前国内用得比较多得是Altium Designer,适合初入门的设计者使用。

①建立原理图库。要将一个新元件摆放在原理图上,我们必须得建立改元件的库。库中主要定义了该新元件的管脚定义及属性,并且以具体的图形形式来代表(我们常常用矩形代表IC body,周围许多短线代表IC管脚)。应搞清楚IC body、IC pins、input pin、output pin、analog pin、digital pin、power pin等的区别。

②有了充足的库之后,就可以画图了。按照datasheet和系统设计的要求,用连线代替导

线，把相关元件连接起来。

③生成 netlist(网表)。netlist 是原理图与 PCB 之间的桥梁。原理图是我们能认知的形式，电脑要将其转化为 PCB，就必须先将原理图转化为它认识的形式——netlist，再将其处理、转化为 PCB。

④得到 netlist，马上画 PCB? 别急，先做 ERC。ERC 是电气规则检查的缩写，它能对一些原理图基本的设计错误进行排查，如多个 output 接在一起等问题(但是一定要仔细检查自己的原理图，不能过分依赖工具，毕竟工具并不理解你的系统，它只是纯粹地根据一些基本规则进行排查)。

⑤确定板框大小。在 keepout 区(或 mechanic 区)画一个板框，这将限制你布线的区域。需要根据需求考虑板长、板宽(有时还得考虑板厚)，同时，叠层也得考虑好(意思就是考虑板层有几层，怎么应用，比如板总共 4 层，顶层走信号，中间第一层铺电源，中间第二层铺地，底层走信号)。

⑥确定板框之后，就该进行元件布局(摆放)了。布局这步极为关键，它往往决定了后期布线的难易。哪些元件该摆在正面，哪些元件该摆在背面，都要有所考量。但是这些都没有固定的标准，从不同角度考虑，可以有不一样的摆放位置。对于初入门的设计师，要注意模拟元件、数字元件的隔离以及机械位置的摆放，同时注意电源的拓扑。

⑦布线。布线与布局往往是互动的，有经验的设计师往往一开始就能看出哪些地方能布线成功，哪些地方难以布线，还需要改动布局。对于 FPGA 设计来说，往往需要改动原理图来使布线更加顺畅。布线和布局涉及的因素很多，高速数字部分常因为牵扯到信号完整性问题而变得复杂，但这些问题又是难以定量的，或即使能够定量，也是难以计算的。所以，在信号频率不是很高的情况下，应以布通为第一原则。

⑧进行设计规划检查(DRC)。DRC 对于布线完成覆盖率以及规则的违反都会有所标注，按照这个再一一排查、修正。

⑨PCB 文件转成 Gerber 文件之后就可交付生产了。

⑩装配 PCB，准备 BOM 表。一般能直接从原理图中导出 BOM 表，但是需要注意原理图中哪些元件该上，哪些元件不该上。对于小批量板或研究板而言，用 Excel 管理很方便。另外，对于新手而言，第一个版本不建议直接交给装配工厂或焊接工厂，将 BOM 的料全部焊上，这样不便于排查问题。最好的方法就是，自己根据 BOM 表准备好元件，然后在板上一步步上元件、调试。

4. 单板调试

领回 PCB 及物料后，安排焊好少量单板，做单板调试，对原理图中的各项功能进行测试，必要时修改原理图并做记录。

硬件调试中要注意的方面如下：
(1)硬件调试等同于黑箱调试，如何快速分析、解决问题?
(2)大量调试经验的传授。
(3)如何加速硬件调试过程?
(4)如何迅速解决硬件调试问题?

5. 软硬件系统联调

一般的单板调试需要硬件人员、单板软件人员的配合。若单板经过调试后在原理及 PCB 布线方面有所调整，则需第二次投板。

其中,软硬件联合调试中要注意的方面如下:
(1)如何判别是软件的问题?
(2)如何与软件进行联合调试?
(3)大量的联合调试经验的传授。

6. 内部验收及转中试

试产时,跟踪产线的问题,积极协助产线解决各项问题,提高产品优良率,为量产铺平道路。

7. 小批量产

产品通过验收后,要进行小批量产,摸清生产工艺、测试工艺,为大批量产做准备。

8. 大批量产

经过小批量产验证全套电子产品研发、测试、量产工艺都没有问题后,可以开始大批量产工作。

9. 撰写文档

(1)硬件需求说明书。

硬件需求说明书中描写了硬件开发目标、基本功能、基本配置、主要性能指标、运行环境、约束条件以及开发经费和进度等要求。它的要求依据是产品规格说明书和系统需求说明书。它是硬件总体设计和制订硬件开发计划的依据,具体编写的内容有:系统工程组网及使用说明、硬件整体系统的基本功能和主要性能指标、硬件分系统的基本功能和主要性能指标,以及功能模块的划分等。

(2)硬件总体设计报告。

硬件总体设计报告是根据需求说明书的要求进行总体设计后出的报告,它是硬件详细设计的依据。硬件总体设计报告应包含以下内容:系统总体结构及功能划分、系统逻辑框图、组成系统各功能模块的逻辑框图、电路结构图及单板组成、单板逻辑框图和电路结构图,以及可靠性、安全性、电磁兼容性讨论和硬件测试方案等。

(3)单板总体设计方案。

在单板的总体设计方案定下来之后应出具相关文档。单板总体设计方案应包含单板版本号,单板在整机中的位置、开发目的及主要功能,单板功能描述、单板逻辑框图及各功能模块说明,单板软件功能描述及功能模块划分,接口简单定义与相关板的关系,主要性能指标、功耗和采用标准。

(4)单板硬件详细设计报告。

单板硬件进入详细设计阶段后应提交单板硬件详细设计报告。在单板硬件详细设计报告中应着重体现单板逻辑框图及各功能模块详细说明,包括各功能模块实现方式、地址分配、控制方式、接口方式、存储器空间、中断方式、接口管脚信号详细定义、时序说明、性能指标、指示灯说明、外接线定义、可编程器件图、功能模块说明、原理图、详细物料清单以及单板测试、调试计划。有时候一块单板的硬件和软件分别由不同的开发人员开发,这时候单板硬件详细设计报告便为软件设计师提供了一个详细的指导,因此单板硬件详细设计报告至关重要。尤其是地址分配、控制方式、接口方式、中断方式,这些是编制单板软件的基础,一定要详细列出。

(5)单板软件详细设计报告。

在单板软件设计完成后应相应完成单板软件详细设计报告,在报告中应列出单板软件的编程语言、编译器的调试环境、硬件描述与功能要求及数据结构等。特别强调的是，要列出详细的设计细节，其中包括中断、主程序和子程序的功能、入口参数、出口参数、局部变量、函数调用和流程图。在有关通信协议的描述中，应说明物理层、链路层通信协议和高层通信协议由哪些文档定义。

(6) 单板硬件过程调试文档。

开发过程中，每次 PCB 投板时，工程师应提交一份过程文档，以便管理层了解进度，进行考评，也能给其他相关工程师留下一份有参考价值的技术文档。这份文档应包括以下内容：单板硬件功能模块划分、单板硬件各模块调试进度、调试中出现的问题及解决方法、原始数据记录、系统方案修改说明、单板方案修改说明、器件改换说明、原理图、PCB 图修改说明、可编程器件修改说明、调试工作阶段总结、调试进展说明、下阶段调试计划以及测试方案的修改。

(7) 单板软件过程调试文档。

每月收集一次单板软件过程调试文档，或在调试完毕(指不满一月)时收集，尽可能清楚、完整地列出软件调试及修改过程。单板软件过程调试文档应当包括以下内容：单板软件功能模块划分及各功能模块调试进度、单板软件调试中出现的问题及解决方法、下阶段的调试计划、测试方案修改。

(8) 单板系统联调报告。

项目进入单板系统联调阶段后应出具单板系统联调报告。单板系统联调报告包括以下内容：系统功能模块划分、系统功能模块调试进展、系统接口信号测试的原始记录及分析、系统联调中出现的问题及解决方法、调试技巧、整机性能评估等。

(9) 单板硬件测试文档。

在单板调试完之后，申请内部验收之前，应先进行自测，以确保每个功能都能实现，每项指标都能满足。自测完毕应出具单板硬件测试文档。单板硬件测试文档包括以下内容：单板功能模块的划分、各功能模块输入输出信号及性能参数、各功能模块测试点确定、各测试参考点实测原始记录及分析、板内高速信号线测试原始记录及分析、系统 I/O 口信号线测试原始记录及分析、整板性能测试结果分析。

(10) 硬件信息库。

为了共享技术资料，我们可建立一个共享资料库，将每一块单板最有价值、最有特色的资料归入此库。硬件信息库包括以下内容：典型应用电路、特色电路、特色芯片技术介绍、特色芯片的使用说明、驱动程序的流程图、源程序、相关硬件电路说明、PCB 布板注意事项、单板调试中出现的典型问题及解决方法、软硬件设计及调试技巧。

10. 后续流程

硬件开发完毕后，一般需要有个外壳或者结构体之类的东西对其进行固定，正常情况下不会直接拿着电路板使用。因此中间还穿插着模具设计、外形设计、开模具、试装配等工序，大约需要 20 多道工序才能完成一个硬件的开发。

可以说每一款电子产品的硬件研发都有自己的特点，因此在面对具体的电子产品研发时，还需要根据其功能特点进行专门分析。

2.1.5 硬件工程师

简单来说，硬件工程师(hardware engineer)就是负责整个产品硬件设计的人员。硬件工程师不仅需要掌握计算机原理、电路设计、信号处理等专业知识,还要熟悉制作原理图的一些常用软件。同时,对硬件的设计语言如汇编语言、VHDL 语言、C 语言等的融会贯通也必不可少。

1. 硬件工程师的职责

硬件工程师的工作内容如表 2.1 所示。

表 2.1 硬件工程师的工作内容

工作阶段	具体工作内容
阶段一,产品需求	决策产品的定位、形态、功能等
阶段二,总体设计	1. 需求转化、设计功能实现的系统方案; 2. 主平台选择与评估; 3. 关键器件选型
阶段三,详细设计	1. 硬件详细设计说明书; 2. 原理图绘制与评审; 3. 协助指导 PCB 布局并制作 BOM
阶段四,验证测试	1. 硬件调试记录; 2. 参与相关测试,获取测试报告; 3. 缺席修复并输出相关案例
阶段五,产品发布	1. 维修指导; 2. 产品维护

硬件产品的研发流程如图 2.1 所示。

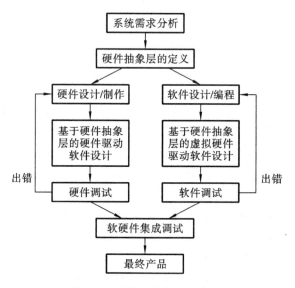

图 2.1 硬件产品的研发流程

虽然各团队的重要性是一致的,但研发团队在产品开发中的位置应该更加核心。研发人员可以转去做市场、测试、供应链或者质量管理等,市场等岗位的人却很难转做研发。一来研发门槛高,二来研发工作接触面广。因此在整个研发团队中,硬件工程师起着主导作用。

硬件工程师的发展可以大致分为如下四个阶段：

(1) 初级硬件工程师。

在别人的指导下完成阶段三、四的工作，一般应届毕业生入职三个月基本可以达到。

(2) 普通硬件工程师。

独立完成阶段三、四的工作，一般工作一到两年即可。

(3) 资深硬件工程师。

主导完成阶段三、四的工作，参与完成阶段二总体设计的工作。

(4) 专家级硬件工程师。

主导完成阶段一、二的工作。

2. 硬件工程师的工作任务

(1) 计算机产品硬件设计；

(2) 了解计算机的结构及发展趋势；

(3) 对计算机硬件的销售及市场有较深刻的认识；

(4) 区域市场管理；

(5) 按照计划完成符合功能、性能要求和质量标准的硬件产品；

(6) 根据产品详细设计报告，完成符合功能和性能要求的逻辑设计；

(7) 根据逻辑设计说明书，设计详细的原理图和 PCB 图；

(8) 编写调试程序，测试或协助测试开发的硬件设备，确保其按设计要求正常运行；

(9) 编写项目文档、质量记录以及其他有关文档；

(10) 维护管理或协助管理所开发的硬件。

3. 必备知识

(1) 一位合格的硬件工程师必须掌握的基础知识如下：

① 基本设计规范；

② CPU 基本知识、架构、性能及选型；

③ Motorola 公司的 PowerPC 系列基本知识、性能详解及选型；

④ 网络处理器（Intel、Motorola、IBM）的基本知识、架构、性能及选型；

⑤ 常用总线的基本知识、性能详解；

⑥ 各种存储器的详细性能、设计要点及选型；

⑦ Datacom、Telecom 领域常用物理层接口芯片基本知识、性能、设计要点及选型；

⑧ 常用器件选型要点与精华；

⑨ FPGA、CPLD、EPLD 的详细性能、设计要点及选型；

⑩ VHDL 和 Verilog HDL 语言的运用；

⑪ 网络基础知识；

⑫ 国内大型通信设备公司硬件研发流程。

(2) 熟练掌握并使用业界最新、最流行的 EDA 工具。

① Innoveda 公司的 ViewDraw、PowerPCB、CAM350；

② Cadenc 公司的 OrCAD、Allegro、Spectra；

③ Altera 公司的 Max+plus；

④ Xilinx 公司的 Foundation ISE。

4. 从业要求

(1) 熟悉电路设计、PCB 布板、电路调试,能熟练使用 Protel 等电路设计软件;

(2) 熟练应用常用电子元器件,熟练检索各种元器件材料;

(3) 掌握常用的硬件设计工具及仪器仪表的使用方法;

(4) 熟悉嵌入式系统的硬件及软件开发;

(5) 工作态度积极,责任心强,有良好的沟通能力与团队协作能力;

(6) 独立设计过完整的电子产品,能读懂英文产品规格书。

5. 时间节点把控

作为一名硬件工程师,需要负责整个产品的研发过程,所以必须对每个时间段进行精确把握。每个项目都具有生命周期,虽然项目经理在把控时间,但具体的操作还是由硬件工程师来执行。正常进度如下:

原理图和详细设计方案:5 周,包括参考设计以及原理图评审。

PCB 布板布线:4 周,包括配合结构、PCB 进行电路调整或者器件重新选型。

发板及等待回板:2 周,发板的同时必须完成 BOM 的上传。

回板检查:1 周,将板子跑起来,能烧录 uboot,网口能 ping 通。检查有无焊接问题,联系结构进行机器组装,查看结构有没有问题。

驱动调试:5 周,配合完成所有底层功能的调试。

媒体版本:2 周,这是驱动调试之后第一个整机跑起来的版本,准备拿给测试员进行测试。

信号测试:3 周,配合信号测试人员完成信号测试,同时给业务研发人员准备板子。

功能测试:2 周,配合功能测试人员完成环境测试、抗静电和浪涌测试以及其他功能测试、EMC 测试等。

解决 bug:2 周,解决之前出现的所有 bug。

改板与发板:2 周。

具体时间会随着产品的复杂程度而变化,不能一概而论。

6. 硬件工程师基本素质

硬件工程师需具备的基本素质如下。

善于沟通:要有逻辑,想法要全面,这样才能与其他部门人员良好沟通,提高工作效率。

谦虚谨慎:要倾听别人的意见,然后说出自己的见解,如果不采纳,则要说明原因。

认真仔细:设计电路时要认真仔细,解决 bug 时也要认真仔细。

有耐心:不论是沟通还是解决 bug,或是检查电路,都要有耐心。

不会就问:不会的地方就问,因为产品开发时间比较短,不可能给你大把时间去研究。

有责任心:对电路负责,对产品负责,对 bug 负责。

分清主次:出了问题要先想办法解决问题,而不是先想着追究谁的责任。

乐善好学:善于帮助别人,善于学习,有丰富的经验知识与理论知识。

2.1.6 涉及课程

按照课程开设的先后顺序,电子信息类专业本科阶段主要有以下课程与硬件有关:高等数学、线性代数、电路分析基础、模拟电子技术、数字电子技术、通信电子线路、单片机原理及接口技术、嵌入式原理及应用、FPGA 原理及应用等。

1. 初级课程

(1) 高等数学和线性代数。这里重点掌握微积分和矩阵,因为在后面的课程里将会大量用到这两部分内容,它们是基础中的基础。

(2) 大学物理。大学物理的很多内容其实在高中已经学过,重点掌握电阻、电容、电感的特性和电生磁、磁生电的原理,其中麦克斯韦方程组会在射频、微波中用到。

(3) 电路分析基础。其实电路分析基础的理论知识并不难,但是有些抽象的东西暂时不能很好地理解,比如说受控源(其实就是三极管),所以学完模拟电子技术后还要再回过头来看一遍。这里重点掌握戴维南定理。

(4) 模拟电子技术(下文简称模电)。这是电子信息类专业的核心基础课,至少学三遍。如果说电路分析基础、高等数学当中的答案都是明确、唯一的,那么模电中的答案可以是不明确、多样化的,需要在实践中权衡取舍。

(5) 数字电子技术。在这门课程中,我们可以学习把三极管搭成各种门电路、触发器,以便于直接把数学知识运用起来。数字电子技术也是 FPGA 的先修课,是硬件工程师向算法工程师(跟计算机的算法有很大区别)转变的基础。要真正掌握这门课,还是得先学习 FPGA。

2. 中级课程

(1) 复变函数。这门课跟微积分一样,是一种数学工具。复数信号是物理不可实现的信号,那为什么要用复数表示信号? 这是因为正弦波有振幅、频率和相位三要素,要在一幅图上面表示振幅与频率的关系或者相位与频率的关系(方便观察、分析)时,就需要用到复数了。我们可以把复数转换成模和辐角的形式,想象一下,模是时钟的秒针,而辐角是秒针转动的角度,秒针转一圈就是个圆,而把这个圆的各点按照出现的时间先后,重新描绘在直角坐标系中,就是一个正弦波。这就意味着,用复数可以表示一个正弦波的三要素,振幅就是模(秒针的长短),相位就是秒针转动的角度,频率就是秒针转动的快慢。试想一下,如果用实数来表示正弦波的三要素,是不是很麻烦? 这里重点掌握留数、保形映射。

(2) 信号与系统。如何利用数学建模去描述电路,就是这门课要研究的内容。什么是信号? LED 灯的亮灭、喇叭发出的声音、天线产生的电磁波等有实际用途的信息载体(包括声、光、电、热等)都是信号。什么是系统? 系统就是处理信息载体的东西(包括放大器、传动装置等),是一种更为抽象的概念。系统可大可小,小到一个三极管,大到一个无线收发装置,这些都要根据实际需求来确定,不能一概而论。这门课的内容都是重点。

(3) 高频电子线路。高频电子线路是模电的非线性部分,这门课的很多内容跟模电差不多,也有放大器、振荡器,但是这些电路用在更高的频段,所以分析方法有所不同。在模电功底较为扎实的情况下,再学这门课,就不觉得难,因为它本身就是模电的扩展,而不是全新的领域。这门课的内容都是重点,至少学三遍。

(4) 单片机。现在已经很少有不用 CPU 的硬件电路了,而单片机正是最简单的 CPU,所以掌握单片机的相关知识也是很有必要的。具体的学习安排在大二下学期的单片机课程中。

(5) 电子测量技术。做硬件的经常要跟仪器打交道,学习电子测量技术,一方面能让你更熟练地使用仪器,另一方面能让你做一些测量电路(配合单片机就可以运用在物联网领域)。这里会接触很多新器件,大多都是传感器,当然重点研究的还是电气特性。这门课并不难,关键是要多做实验。

2.2 硬件发展历史与现状

2.2.1 硬件发展历史

集成电路对一般人来说也许比较陌生,但其实我们和它打交道的机会很多,比如计算机、电视机、手机、取款机等,数不胜数。除此之外,航空航天、医疗卫生、交通运输、武器装备等许多领域都离不开集成电路的应用。在当今社会,集成电路已成为各行各业实现信息化、智能化的基础。无论是在军事还是民用领域,它都起着不可替代的作用。所谓集成电路(IC),就是在一块极小的硅单晶片上,利用半导体工艺制作许多晶体二极管、三极管及电阻、电容等元件,并连接完成特定电子技术功能的电子电路。从外观上看,它已成为一个不可分割的完整器件。集成电路在体积、重量、耗电、寿命、可靠性及电性能方面远远优于晶体管元件组成的电路,目前已广泛应用于电子设备、仪器仪表及电视机、录像机等电子设备中。

集成电路的发展经历了一个漫长的过程。

1906 年,第一个电子管诞生;

1912 年前后,电子管的制作日趋成熟,推动了无线电技术的发展;

1918 年前后,逐步发现了半导体材料;

1920 年,发现半导体材料所具有的光敏特性;

1932 年前后,运用量子学说建立了半导体能带理论(这也确定了经典半导体工艺所能达到的尺寸极限——7 nm);

1946 年,威廉·肖克利(硅谷创始人,杰出的电子工艺学家、物理学家)的研发小组成功研发半导体晶体管,为 IC 大规模地发挥热力奠定了基础;

1956 年,硅台面晶体管问世;

1960 年 12 月,世界上第一块硅集成电路制造成功;

1966 年,美国贝尔实验室使用比较完善的硅外延平面工艺制造出第一块大规模集成电路;

1988 年,16M DRAM 问世,1 cm^2 大小的硅片上集成有 3500 万个晶体管,标志着进入超大规模集成电路的更高阶段;

1997 年,采用 0.25 μm 工艺的 300 MHz 奔腾Ⅱ问世,奔腾系列芯片的推出让计算机的发展如虎添翼,发展速度让人惊叹;

2009 年,Intel 酷睿 i 系列全新推出,该系列采用了领先的 32 nm 工艺,并且下一代 22 nm 工艺正在研发。

集成电路制作工艺的日益成熟和各集成电路厂商的不断竞争,使集成电路发挥了更大的功能,更好地服务于社会。集成电路从产生到成熟大致经历了如下过程:电子管—晶体管—集成电路—超大规模集成电路。

2.2.2 硬件发展现状

1. 以 IC、开发板为代表的硬件

用几根零乱的电线将五个电子元件连接在一起,就形成了历史上第一个集成电路。虽然看起来并不美观,但事实证明,其工作效能要比使用离散的部件高得多。历史上第一个集成电路出自杰克·基尔比之手,当时,晶体管的发明弥补了电子管的不足,但工程师们很快又遇到了新的麻烦。为了制作和使用电子电路,工程师们不得不亲自动手组装和连接各种分立元件,如晶体管、二极管、电容器等。

在 20 世纪 80 年代初期,消费类电子产品(立体声收音机、彩色电视机和盒式录像机)是半导体需求的主要推动力。从 20 世纪 80 年代末开始,个人计算机(PC)成为半导体需求强大的推动力。至今,PC 仍然推动着半导体产品的需求。

从 20 世纪 90 年代至今,通信与计算机领域一起占领了世界半导体需求的 2/3。其中,通信的需求增长更快。信息技术正在改变我们的生活,影响着我们的工作。信息技术在提高企业竞争力的同时,已成为世界经济增长的新动力。

事实上,早在 20 世纪 50 年代,工程师们就萌生了设计集成电路的想法,仙童半导体、德州仪器以及摩托罗拉、ARM 公司的工程师们便是其中的典型代表。如上文所述,最初的开发板并不美观,更不如现今的开发板性能优良——面包板和覆铜板是所有开发板的鼻祖。

如今,半个多世纪过去了,从最初的百微米级,到如今的纳米级,IC 的性能呈指数爆炸式提升,各种电子设备的性能更是以知名的"摩尔定律"所描述的奇迹速度在飞速提升。

2. 中国的硬件及 IC 发展

2004 年,亚太地区已成为世界上最大的半导体市场,其主要的推动力是中国国内需求的增长和中国作为世界生产基地所带来的行业快速发展。电子终端产品的生产将不断从日本和亚洲其他地区转移到中国。

中国的集成电路产业起步于 20 世纪 60 年代中期。1976 年,中国科学院计算机研究所研制成功 1000 万次大型电子计算机,所使用的电路为中国科学院 109 厂研制的 ECL 型电路;1986 年,电子工业部提出"七五"期间我国集成电路技术的"531"发展战略,即推广 5 μm 技术,开发 3 μm 技术,攻关 1 μm 技术;1995 年,电子工业部提出"九五"期间集成电路发展战略,即以市场为导向,以 CAD 为突破口,产学研用相结合,以我为主,开展国际合作,强化投资;在 2003 年,中国半导体占世界半导体销售额的 9%,成为世界第二大半导体市场。目前中国的集成电路产业已经初具规模,形成了产品设计、芯片制造、电路封装共同发展的态势。

特别值得注意的是,20 世纪 50 年代后我国经济基础薄弱,人才缺乏,再加上一系列的自然及社会问题,使得我国以 IC 为代表的电子硬件技术一度停滞不前,甚至出现了一种偏激的理念——对于电子设备而言,软件的进步要远重要于硬件的进步,而硬件上的不足,可以靠软件的不断进步来抵消和弥补。这导致当时中国电子科技行业处于这样一种状态:软件水平与硬件水平极端不协调(直到 2014 年,我国才真正独立开发出本土的 CPU——龙芯)。

于是,在 21 世纪的头 10 年,我国本土的电子行业只能眼睁睁地看着外国同行在中国的巨大市场赚得盆满钵满,于是决心努力增强实力,开始穷追猛赶。值得庆幸的是,国家已将推动芯片国产化上升至国家安全的高度,2014 年信息安全政策的重点落实在了硬件领域,特别是对集成电路产业的扶持力度堪称近十年之最。与此同时,随着集成电路发展纲要及地方扶持政策的相继落地,集成电路产业获得了前所未有的发展机遇。

作为未来 30 年发展最重要的工业物资,半导体与集成电路产业正在受到前所未有的重视。其中,资本在促进集成电路产业发展中的重要性和必要性已获认可,通过政府财政引导加股权投资基金协同运作的方式被认为是有效手段。继 2013 年 12 月,北京宣布成立总规模 300 亿元的股权投资基金打造集成电路产业后,武汉、上海、深圳等地也正在制定自己的扶持政策,其中集成电路设计及封测领域最受关注。此外,合肥、天津、沈阳等地区也正在筹划促进芯片国产化的产业扶持基金。

但国内集成电路产业规模与市场规模之比始终未超过20%。如扣除集成电路产业中接受境外委托代工的销售额,则中国集成电路市场的实际国内自给率还不足10%,国内市场所需的集成电路严重依靠进口的局面并未发生实质性改变。

"路漫漫其修远兮,吾将上下而求索。"前途光明,然而路途艰辛,我们仍然任重道远。

我们相信,随着我国经济的发展和对集成电路的重视程度的提高,我国以集成电路为代表之一的电子技术行业也会有更大的发展。

2.2.3 硬件未来发展趋势

目前,集成电路产业风头正盛,其中人工智能领域是2018年关注的重点。人工智能被看作一项将改变人类社会发展进程的重要技术,人工智能芯片则是人工智能产业发展的基础。作为人工智能(AI)产业发展的基石,AI芯片近年来发展迅猛,众多企业纷纷布局。然而,在上海举行的2019世界人工智能大会上,业界人士表示,当前AI芯片发展看似火热,其实全球AI芯片产业尚处于"婴儿期",未来发展仍需找准突破点。

算力是人工智能发展的关键因素之一,随着深度学习算法的普及应用,人工智能对算力提出了更高的要求,传统的CPU架构无法满足深度学习对算力的需求,因此,具有海量数据并行计算能力、能够加速计算处理的人工智能芯片应运而生。

结合应用场景和功能划分来看,AI芯片设计可分为云端训练、云端推断、终端推断三部分。其中云端训练芯片以英伟达GPU为主,新入竞争者是谷歌TPU,深耕FPGA的企业包括Xilinx、英特尔。在云端推断方面呈现出百家争鸣的局面,代表企业有AMD、谷歌、英伟达、百度、寒武纪等。在终端推断方面,移动终端、自动驾驶等应用场景需求逐渐爆发,布局企业包括传统芯片巨头和初创企业,如高通、华为海思、地平线、寒武纪、云知声等。

目前国内人工智能芯片设计企业的商业模式分为IP设计、芯片设计代工、芯片设计三种类型。IP设计相对于芯片设计而言处于产业链更顶层的位置,以IP核授权收费为主;芯片设计代工和制造业的代工一样,提供代工设计服务的企业,并不能在产品上贴自己的标签,也不能对外宣布该产品为自己设计的芯片;大部分的人工智能新创企业以芯片设计为主,但目前国内只有少数人工智能芯片设计企业会进入传统芯片企业的产品领域,如寒武纪与英伟达竞争服务器芯片市场,地平线与英伟达及恩智浦竞争自动驾驶芯片市场,其余是在物联网场景上布局(如提供语音辨识芯片的云知声、提供人脸辨识芯片的中星微电子、提供边缘计算芯片的耐能科技)。

目前,我国的人工智能芯片行业尚处于起步阶段。随着大数据的发展和计算能力的提升,人工智能近两年迎来了新一轮的爆发。中国AI芯片市场规模依然以云端训练芯片为主,而随着中国人工智能应用需求不断落地,本地化运算将成为未来人工智能发展的趋势之一,终端推断芯片也将迎来新的发展机遇。

2.3 核心概念

2.3.1 电路

1. 电路的组成

一提到硬件,首先映入脑海的就是实实在在的电路。硬件电路是由各单元模块电路组成的,单元模块电路包括各种稳压电源电路、运算放大器电路、比较器电路、单片机最小系统、H桥电机驱动电路、RC/LC滤波电路、场效应管/三极管组成的电子开关等。每个单元模块电路都是由金属导线和电气、电子部件组成的导电回路,其中电路板上常见的电子部件一般有元件类、器件类和组合类等。

(1)元件类:主要有电阻器、电容器、电感器、晶振、陶瓷滤波器、机械开关、接插件、简单的传感器(如热敏电阻)等。

(2)器件类:主要有二极管、三极管、晶闸管、芯片、简单的传感器(如光敏二极管、三极管)等。

(3)组合类:主要有各种模块、复杂的传感器等。

从电路图到电路板,首先需要识别不同类型的电子元器件。可以通过元器件的印字来确定其型号,对于没有印字的元器件,也可通过分析电路原理或用万用表测量元器件参数进行判断。

电子元器件有着不同的封装类型,不同类型的元器件外形可能一样,但内部结构及用途是大不一样的,比如TO220封装的元器件可能是三极管、可控硅、场效应管或双二极管,TO-3封装的元器件有三极管、集成电路等。常见电路元器件如图2.2、图2.3所示。

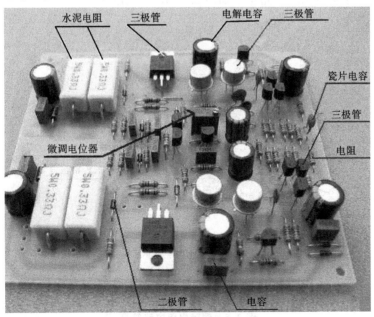

图 2.2 电路元器件 1

图 2.3 电路元器件 2

下面按照上面的三种分类,列举部分元器件进行讲解。

(1)元件类——电阻(电阻器)。

电阻器(resistor)在日常生活中一般直接称为电阻,是一个限流元件。将电阻接在电路中后,电阻的阻值是固定的,一般有两个引脚,它可限制通过它所连支路的电流大小。

①碳膜电阻。

碳膜电阻色标法示意图及电路符号如图 2.4、图 2.5 所示。

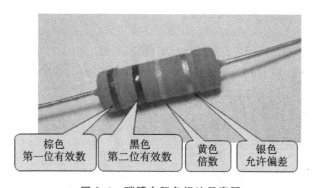

图 2.4 碳膜电阻色标法示意图

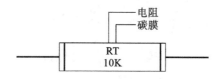

图 2.5 碳膜电阻电路符号

特性:具有较好的稳定性,适用于高频电路,用色环标注。

参数识别:$10 \times 10^4 = 100\,000\ \Omega = 100\ \text{k}\Omega$,误差±10%,功率 3 W。

②精密电阻。

精密电阻色标法示意图及电路符号如图 2.6、图 2.7 所示。

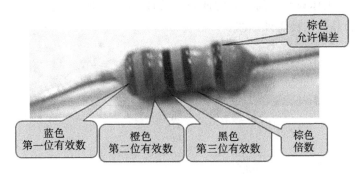

图 2.6　精密电阻色标法示意图

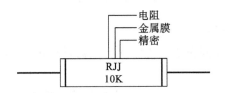

图 2.7　精密电阻电路符号

特性:具有较好的稳定性,误差很小,适用于高频电路,用色环标注。

参数识别:$630 \times 10^1\ \Omega = 6300\ \Omega = 6.3\ \text{k}\Omega$,误差±1%,功率 1/4 W。

③贴片电阻。

贴片电阻的阻值可以通过标示的字码进行计算,但封装为 01005、0201 和 0402 的贴片电阻,因电阻本体太小,故本体无标示字码,其电阻阻值只有通过万用表来测量。

下面具体介绍如何通过标示的字码计算贴片电阻阻值。

a. 贴片电阻公差为±5%的,电阻字码是三位数,前两位是阻值的有效数,第三位表示有几个0。贴片电阻示意图如图 2.8 所示。

b. 贴片电阻公差为±0.1%、±0.5%、±1%的,电阻字码是四位数,前三位是阻值的有效数,第四位表示有几个0。贴片电阻示意图如图 2.9 所示。

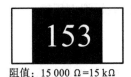

图 2.8　贴片电阻示意图 1

图 2.9　贴片电阻示意图 2

(2)器件类——晶体三极管。

①晶体三极管分 PNP 型和 NPN 型两种类型,这两种类型的三极管在工作特性上可互相弥补。PNP 型三极管有 A92、9014、9018、9013、9012、8550 等型号。NPN 型三极管有 8050、1008、

13005、2482、882 等型号。

②晶体三极管按材料不同可分为锗三极管、硅三极管。

③晶体三极管按用途不同可分为放大三极管、开关三极管。

④晶体三极管按功率不同可分为小功率三极管、中功率三极管、大功率三极管。

⑤晶体三极管按工作频率不同可分为低频三极管、高频三极管、超高频三极管。

图 2.10 所示为晶体三极管外形图。

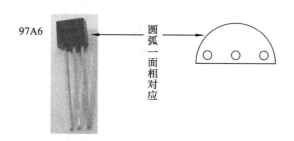

图 2.10　晶体三极管外形图

（3）器件类——传感器模块。

下面以火焰传感器模块为例介绍有关器件类元器件的电路知识，图 2.11 所示为火焰传感器模块实物图。

图 2.11　火焰传感器模块实物图

火焰传感器模块相关资料如下所述。

①用途：

各种火焰、火源探测。

②模块特色：

a. 可以检测火焰或者波长为 760～1100 nm 的光源，测试打火机火焰距离为 80 cm，火焰越大，测试距离越远。

b. 探测角度在 60 度左右，对火焰光谱特别灵敏。

c. 灵敏度可调。

d. 比较器输出，信号干净，波形好，驱动能力强，超过 15 mA。

e. 配可调精密电位器调节灵敏度。

f. 工作电压 3.3～5 V。

g. 输出形式：D 代表数字开关量输出（0 和 1），A 代表模拟电压输出。

h. 使用宽电压 LM393 比较器。

③模块使用说明：

a. 火焰传感器对火焰最敏感，对普通光也是有反应的，一般用于火焰报警等。

b. 小板输出接口可以与单片机 I/O 口直接相连。

c. 传感器与火焰要保持一定距离，以免高温损坏传感器，测试打火机火焰距离为 80 cm，火焰越大，测试距离越远。

d. 小板模拟量输出方式和 AD 转换处理，可以获得更高的精度。

2. 电路中电子元器件的选型

(1) 满足功能/性能需要：考虑是否一个元器件就能实现项目需要的某项功能，还是需要多个元器件一起工作，以及系统的灵敏度、动态范围、对噪声的要求是否能得到保证。

(2) 是否选择了合适的封装：很多元器件有多种不同的封装，在选型的时候要根据系统的成本、板卡的物理尺寸、功耗、接口、加工可行性等因素进行综合考虑。

(3) 容易使用：元器件的成熟度、焊接调试的难度、技术支持、资料、配套的环境等都是需要考虑的，应尽可能降低项目开发的风险，缩短产品的上市时间。

(4) 利用前期项目和团队的其他产品用到的元器件：这样可以降低设计的风险、采购的成本以及元器件库存管理的成本。

(5) 从众：用的人越多，风险越小。多数人验证过的元器件一定是 bug 很少或者已经被彻底解决了的，可参考的资料比较多，货源也充足，当然价格也相对较低。

(6) 性价比高：不要最好的，只要最合适的。产品一定要有市场竞争力，应充分考虑项目的功能要求、性能要求，在满足这些要求的前提下选用"刚刚好"的元器件。

(7) 供货渠道稳定：再好的设计，如果元器件买不到或者供货出现了延误，项目也就被耽误了，有时甚至前功尽弃。因此在选择元器件的时候一定要调查清楚，并在完成原理图设计的同时开始元器件的订购。

(8) 注意原厂的停产通知：技术的发展是建立在产品的不断更新换代上的，因此很多元器件都会被功能/性能更强大、集成度更高、价格更便宜的新型号替代，要密切注意元器件厂商在网上发布的元器件停产通知。

(9) 能找到替代型号：一定要有备用方案，尽量选择能找到替代型号（管脚和功能都相同）的元器件。

3. 电子元器件数据手册的查阅

(1) 在浏览器中输入网址 https://www.datasheet5.com，网站主页面如图 2.12 所示。

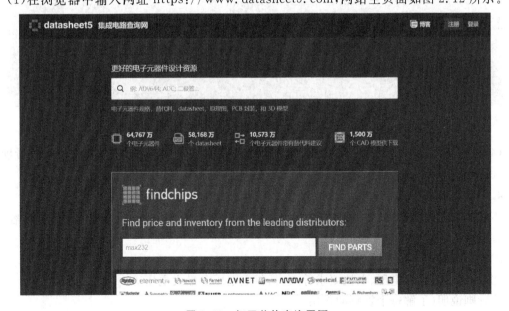

图 2.12　打开芯片查询网页

(2)在打开的集成电路查询网首页的搜索框中输入芯片的型号,进行搜索,如图2.13所示。

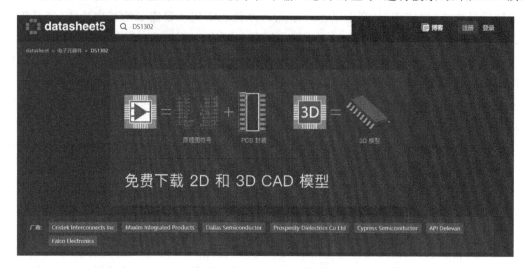

图 2.13　输入芯片的型号

(3)在搜索的结果中根据型号、厂商和描述信息来确定要查找的芯片,点击芯片名称进入详情页面,如图2.14所示。

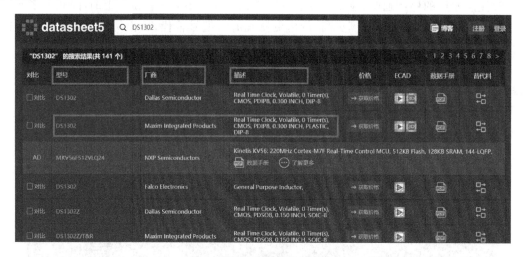

图 2.14　确定要查找的芯片

(4)在详情页面,点击右侧的一种下载方式,下载芯片数据手册的PDF文件进行查看即可,如图2.15所示。

4. 如何读芯片数据手册?

不同的芯片数据手册,在内容、结构上会有一些差异。总体来说,芯片数据手册的内容包括以下方面:

①芯片功能的大致介绍;

②芯片应用环境(电压、电流要求等,包括供电电压及最大电压等内容);

③管脚说明(了解每个管脚的作用);

④典型应用(很多芯片可以参照典型应用画原理图);

图 2.15 下载芯片数据手册

⑤封装(画 PCB 时可以参考)。

当然,芯片数据手册中可能还有芯片原理的介绍、芯片内部结构等,这些可以等到需要的时候再去了解。

不管什么样的芯片数据手册,其本质都是芯片的使用说明书,而说明书一个最显著的特点就是使用通俗易懂的语句,向使用者交代清楚该产品的特点、功能以及使用方法。因此,芯片数据手册中一般不会存在生僻的单词(专业词汇除外),运用大学英语知识去分析这些手册已足够。

以 AD9945 为例,我们可以这么去读芯片数据手册:

(1)先看芯片的特性(features)、应用场合(applications)以及内部框图,这有助于我们对芯片有一个宏观的了解。此时需要弄清楚该芯片的一些比较特殊的功能,充分了解芯片的特殊功能,对整体电路的设计会有极大的好处。比如 AD9945 可以实现相关双采样(CDS),这可以简化后续信号调理电路,并具有较好的抗噪效果。

(2)重点关注芯片的参数,同时可以参考手册给出的一些参数图(如 AD9945 的 TPC1、TPC2 等),这是是否采用该芯片的重要依据。对于 AD9945,可以关注最大采样率(maximum clock rate)、数据位数(AD converter)、功耗(power consumption)、可调增益范围(gain range)等。

(3)选定器件后,研究芯片管脚定义、推荐的 PCB layout,这些都是在硬件设计过程中必须掌握的。所有管脚中,要特别留意控制信号引脚或者特殊信号引脚,这是将来用好芯片的前提,比如 AD9945 的 SHP、SHD、PBLK、CLPOB 等。

(4)认真研读芯片内部寄存器,对寄存器的理解程度直接决定了对芯片的掌握程度。比如 AD9945 就有 4 个寄存器:Operation、Control、Clamp Level 和 VGA gain。对于这些寄存器,必须清楚它们上电后的初始值、所能实现的功能、每个 bit 所代表的含义等基本情况。

(5)仔细研究手册给出的时序图,这是对芯片进行正确操作的关键。单个信号的周期、上升时间、下降时间、建立时间、保持时间,以及信号之间的相位关系等都必须研究透彻。如 AD9945 数据手册的 Figure 8 和 Figure 9 就很值得花费时间去仔细研究。

(6)最后提醒初学者,凡是芯片数据手册中的"note",都必须仔细阅读,这一般是能否正确使用芯片或能否把芯片用好的关键所在。

2.3.2 电路基础功能

1. 放大

所谓放大，就是将输入的微弱信号(简称信号，指变化的电压、电流等)放大到所需要的幅度值且与原输入信号变化规律一致，即进行不失真的放大。只有在不失真的情况下放大才有意义。

(1) 放大电路概述。

放大电路亦称为放大器，它是使用最为广泛的电子电路之一，也是构成其他电子电路的基础单元电路。放大电路的功能是利用晶体管的控制作用，把输入的微弱电信号不失真地放大到所需的数值，将直流电源的能量转化为按输入信号规律变化且有较大能量的输出信号。放大电路的实质是能量的控制与转换。电子技术中以晶体管为核心元件，利用晶体管的以小控大作用，可组成各种形式的放大电路。

根据输入回路和输出回路公共端的不同，可将放大电路分为三种基本形式——共射放大电路、共集放大电路和共基放大电路。根据放大电路作用的不同，可以将其分为电压放大电路、电流放大电路和功率放大电路。根据放大电路组成元件的不同，可以将其分为晶体管放大电路和场效应管放大电路。

实际的放大电路通常由信号源、晶体三极管构成的放大器、直流电源及负载组成。信号源提供需放大的电信号，可由换能器提供，也可是前一级电路的输出信号；负载接收输出信号，可由输出换能器构成，也可为下一级电路的输入电阻；直流电源为放大电路提供能量；放大电路进行信号放大，一般是由基本放大单元组成的多级放大电路。

放大的对象：变化量——常用正弦波作为测试信号。

放大的本质：能量的控制和转换，利用有源元件实现。

放大的特征：功率放大(判断电路能否放大的基本出发点)。

放大的基本要求：不失真——放大的前提。

图 2.16 所示的声音处理电路中需要使用放大电路对话筒采集的声音进行放大。

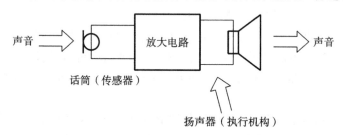

图 2.16 声音处理电路

对信号而言，任何放大电路均可看成二端口网络，如图 2.17 所示。

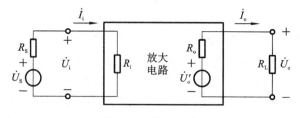

图 2.17 放大电路

(2)放大电路性能指标。

电压放大倍数、输入电阻和输出电阻是放大电路的三个主要性能指标,分析这三个指标最常用的方法是微变等效电路法,这是一种在小信号放大条件下,将非线性的三极管放大电路等效为线性放大电路的方法。

① 放大倍数。

放大倍数又称增益,它是衡量放大电路放大能力的指标。根据需要处理的输入和输出量的不同,放大倍数有电压、电流、互阻、互导和功率放大倍数等,其中电压放大倍数应用最多。

a. 电压放大倍数:

$$\dot{A}_{uu} = \dot{A}_u = \frac{\dot{U}_o}{\dot{U}_i} \tag{2.1}$$

b. 电流放大倍数:

$$\dot{A}_{ii} = \dot{A}_i = \frac{\dot{I}_o}{\dot{I}_i} \tag{2.2}$$

② 输入电阻。

放大电路的输入电阻是从放大电路输入端看进去的等效电阻,它等于放大电路输出端接实际负载电阻后,输入电压与输入电流之比,即

$$R_i = \frac{U_i}{I_i} \tag{2.3}$$

对于信号源来说,输入电阻就是它的等效负载。输入电阻 R_i 的大小反映了放大电路对信号源的影响程度。

③ 输出电阻。

对负载而言,放大电路的输出端可等效为一个信号源。将输出等效成有内阻的电压源,内阻就是输出电阻。输出电阻越小,输出电压受负载的影响就越小,若 $R_o=0$,则输出电压的大小将不受 R_L 的大小影响,称为恒压输出。当 $R_L \ll R_o$ 时,可得到恒流输出。因此,输出电阻 R_o 的大小反映了放大电路带负载能力的大小。

④ 通频带。

通频带衡量放大电路对不同频率信号的适应能力。由于电容、电感及半导体元件的电容效应,放大电路在信号频率较低和较高时电压放大倍数数值减小,并产生相移。

下限截止频率 f_L:在信号频率下降到一定程度时,放大倍数的数值明显减小,使放大倍数的数值等于 $0.707|\dot{A}m|$ 的频率称为下限截止频率。

上限截止频率 f_H:在信号频率上升到一定程度时,放大倍数数值也将减小,使放大倍数的数值等于 $0.707|\dot{A}m|$ 的频率称为上限截止频率。

通频带示意图如图 2.18 所示。

$$f_{bw} = f_H - f_L \tag{2.4}$$

(3)放大电路的设计原则。

① 静态工作点合适(合适的直流电源、合适的电路参数);
② 动态信号能够作用于晶体管的输入回路,在负载上能够获得放大了的动态信号;
③ 共地、直流电源种类尽可能少,负载上无直流分量。

可根据以下条件判断一个电路是否能实现放大:

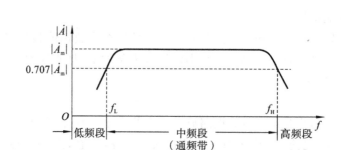

图 2.18 通频带示意图

①信号能否输入到放大电路中;
②信号能否输出;
③晶体管必须偏置在放大区,发射结正偏,集电结反偏;
④正确设置静态工作点,使整个波形处于放大区;
⑤如果已给定电路的参数,则通过计算静态工作点来判断,如果未给定电路的参数,则假定参数设置正确。

电压放大倍数、输入电阻和输出电阻是放大电路的三个主要性能指标。电压放大倍数衡量电路放大信号的能力。对于为放大电路提供信号的信号源来说,放大电路是负载,这个负载的大小可以用输入电阻表示,电路的输入电阻越大,从信号源取得的电流越小,因此一般总是希望得到较大的输入电阻。对于负载而言,放大电路相当于信号源,可以将它进行戴维南等效,戴维南等效电路的内阻就是输出电阻。分析这三个指标最常用的方法是微变等效电路法,这是一种在小信号放大条件下,将非线性的三极管放大电路等效为线性放大电路的方法。

(4) 常见的放大电路。
① 低频电压放大器。

低频电压放大器是指放大低频电压信号的放大器。所谓低频,是指被放大的信号的工作频率在 20 Hz~20 kHz。

a. 共发射极放大电路。

图 2.19 是共发射极放大电路,其中 C_1 是输入电容,C_2 是输出电容,三极管 VT 是起放大作用的器件,R_B 是基极偏置电阻,R_C 是集电极负载电阻。电路1、3 端是输入;2、3 端是输出;3 端是公共点,通常是接地的,也称"地"端。共发射极放大电路的特点是电压放大倍数从十几倍到一百多倍,输出电压的相位和输入电压是相反的,性能不够稳定,可用于一般场合。

b. 分压式偏置共发射极放大电路。

图 2.20 所示电路比图 2.19 多用 3 个元件。基极电压是由 R_{B1} 和分压取得的,所以称为分压偏置。发射极中增加了电阻 R_E 和电容 C_E,C_E 称交流旁路电容,对交流是短路的,R_E 则有直流负反馈作用。所谓反馈,是指把输出的变化通过某种方式送到输入端,作为输入的一部分。如果送回部分和原来的输入部分是相减的,就是负反馈。图中基极真正的输入电压是 R_{B2} 上电压和 R_E 上电压的差值,所以是负反馈。由于采取了上面两个措施,分压式偏置共发射极放大电路的工作稳定性得以提高,是应用最广的放大电路。

c. 射极输出器。

图 2.21(a) 是一个射极输出器,它的输出电压是从射极输出的。图 2.21(b) 是它的交流通

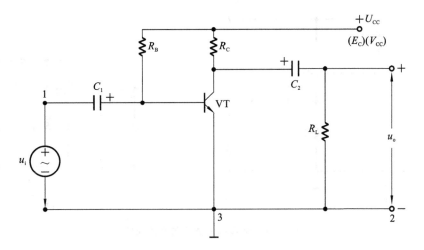

图 2.19 共发射极放大电路

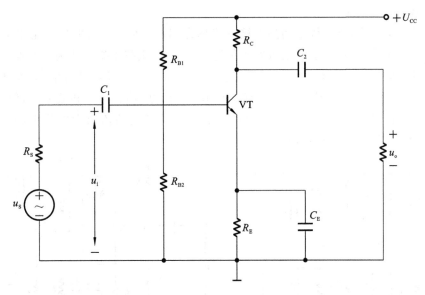

图 2.20 分压式偏置共发射极放大电路

路图,可以看到它是共集电极放大电路。

晶体管真正的输入电压是 U_i 和 U_o 的差值,所以这是一个交流负反馈很深的电路。这个电路的特点是:电压放大倍数小于1而接近1,输出电压和输入电压同相,输入阻抗高,输出阻抗低,失真小,频带宽,工作稳定。它经常被用作放大器的输入级、输出级或做阻抗匹配用。

d. 低频放大器的耦合。

实际应用中,放大电路的输入信号都是很微弱的,一般为毫伏级或微伏级。为获得推动负载工作的足够大的电压和功率,需将输入信号放大成千上万倍。由于前述单级放大电路的电压放大倍数通常只有几十倍,所以需要将多个单级放大电路连接起来组成多级放大电路,对输入信号进行连续放大。

多级放大电路中,输入级用于接收输入信号。为使输入信号尽量不受信号源内阻的影响,输入级应具有较高的输入电阻,因而常采用高输入电阻的放大电路,例如射极输出器等。中间

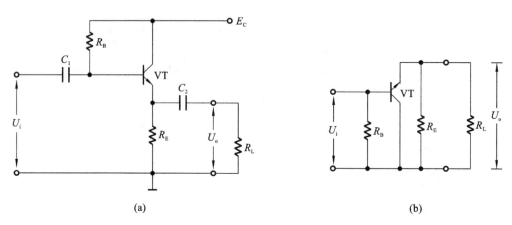

图 2.21 射极输出器及其交流通路

电压放大级用于小信号电压放大,要求有较高的电压放大倍数。输出级是大信号功率放大级,用以输出负载需要的功率。

在多级放大电路中,级与级之间的连接方式称为耦合。级间耦合时应满足以下要求:各级要有合适的静态工作点,信号能从前级顺利传送到后级,各级技术指标能满足要求。

放大器的级间耦合方式有三种:(a)RC 耦合,见图 2.22(a),优点是简单、成本低,但性能不是最佳。(b)变压器耦合,见图 2.22(b),优点是阻抗匹配好,输出功率和效率高,但变压器制作比较麻烦。(c)直接耦合,见图 2.22(c),优点是频带宽,可作为直流放大器使用,但前后级工作有牵制,稳定性差,设计制作较麻烦。

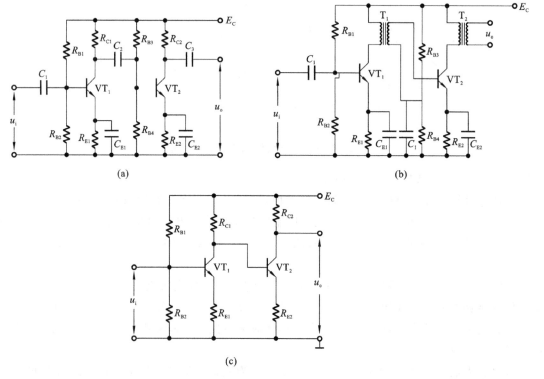

图 2.22 低频放大器的耦合

②功率放大器。

能把输入信号放大并向负载提供足够大的功率的放大器叫功率放大器,例如收音机的末级放大器。

a.甲类单管功率放大器。

图 2.23 是甲类单管功率放大器,C_1 是输入电容,VT 是输出变压器。它的集电极负载电阻 R_L' 是将负载电阻 R_L 通过变压器匝数比折算得到的:

$$R_L' = \left(\frac{N_1}{N_2}\right)^2 R_L$$

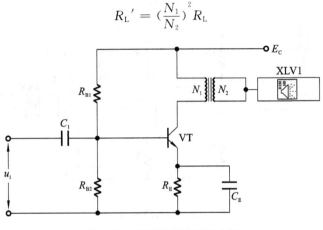

图 2.23 甲类单管功率放大器

负载电阻是低阻抗的扬声器,变压器可以起阻抗变换作用,使负载得到较大的功率。这个电路不管有没有输入信号,晶体管始终处于导通状态,静态电流比较大,因此集电极损耗较大,效率不高,大约只有 35%。这种工作状态被称为甲类工作状态。这种电路一般用在功率不太大的场合,它的输入方式可以是变压器耦合也可以是 RC 耦合。

b.乙类推挽功率放大器。

图 2.24 是常用的乙类推挽功率放大器,它是由两个特性相同的晶体管组成的对称电路。在没有输入信号时,每个管子都处于截止状态,静态电流几乎是零,只有在有信号输入时管子才导通,这种状态称为乙类工作状态。当输入信号是正弦波时,正半周时 VT_1 导通,VT_2 截止,负半周时 VT_2 导通,VT_1 截止。两个管子交替出现的电流在输出变压器中合成,使负载上得到纯正的正弦波。这种两管交替工作的电路叫作推挽电路。

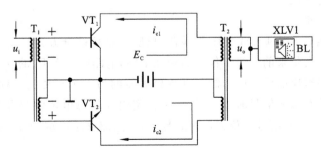

图 2.24 乙类推挽功率放大器

乙类推挽功率放大器的失真较小,输出功率较大,效率也较高,一般可达 60%。

c. OTL 功率放大器。

目前广泛应用的无变压器乙类推挽功率放大器简称 OTL 功率放大器,是一种性能很好的功率放大器。为了易于说明,先介绍一个有输入变压器而没有输出变压器的 OTL 功率放大器,见图 2.25。

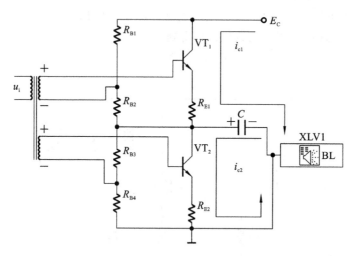

图 2.25 OTL 功率放大器

这个电路使用了两个特性相同的晶体管,两组偏置电阻和发射极电阻的阻值也相同。在静态时,VT_1、VT_2 流过的电流很小,电容 C 上充有对地为 $\frac{1}{2}E_C$ 的直流电压。在有输入信号时,正半周时 VT_1 导通,VT_2 截止,集电极电流 i_{c1} 的方向如图 2.25 所示,负载 R_L 上得到放大了的正半周输出信号;负半周时 VT_1 截止,VT_2 导通,集电极电流 i_{c2} 的方向如图 2.25 所示,R_L 上得到放大了的负半周输出信号。这个电路的关键元件是电容器 C,它上面的电压就相当于 VT_2 的供电电压。

以这个电路为基础,还有用三极管倒相的不用输入变压器的 OTL 电路、用 PNP 管和 NPN 管组成的互补对称式 OTL 电路以及最新的桥接推挽功率放大电路(简称 BTL 电路)等。

③直流放大器。

能够放大直流信号或变化很缓慢的信号的电路称为直流放大电路或直流放大器。在测量和控制方面常用到这种放大器。

a. 双管直耦放大器。

直流放大器不能用 RC 耦合或变压器耦合,只能用直接耦合方式。图 2.26 是一个双管直耦放大器。直耦方式会带来前后级工作点的相互牵制,电路中在 VT_2 的发射极加电阻 R_e 以提高后级发射极电位来解决前后级的牵制。直流放大器的另一个重要的问题是零点漂移。零点漂移是指放大器在没有输入信号时,由工作点不稳定引起静态电位的缓慢变化,这种变化被逐级放大,使输出端产生虚假信号。放大器级数越多,零点漂移越严重,所以双管直耦放大器只能用于要求不高的场合。

b. 差分放大器。

解决零点漂移的办法是采用差分放大器,图 2.27 是应用较广的射极耦合差分放大器。它使用双电源,其中 VT_1 和 VT_2 的特性相同,两组电阻数值也相同,R_e 有负反馈作用。实际上这是一个桥形电路，R_{c1}、R_{c2} 和两个管子是四个桥臂，输出电压 U_o 从电桥的对角线上取出。没有输入信号时，$R_{c1}=R_{c2}$，两管特性相同，所以电桥是平衡的，输出是零。由于电路接成桥形，零点漂移也很小。

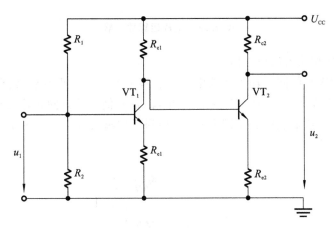

图 2.26 双管直耦放大器

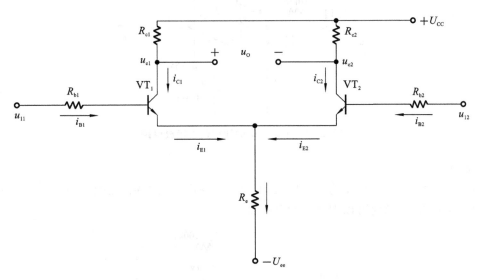

图 2.27 射极耦合差分放大器

差分放大器有良好的稳定性，因此得到了广泛的应用。

④集成运算放大器。

集成运算放大器是一种把多级直流放大器做在一个集成片上，只要在外部接少量元件就能完成各种功能的器件。因为它早期是在模拟计算机中作为加法器、乘法器用的，所以叫作运算放大器。它有十多个引脚，一般用有三个端子的三角形符号表示，包括两个输入端、一个输出端，如图 2.28 所示，上面的输入端叫作反相输入端，用"－"做标记；下面的叫同相输入端，用"＋"做标记。

集成运算放大器可以完成加、减、乘、除、微分、积分等多种模拟运算，也可以接成交流或直流放大器应用。

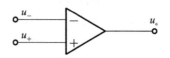

图 2.28 集成运算放大器

a. 带调零端的同相输出运放电路。

图 2.29 是带调零端的同相输出运放电路。引脚 1、11、12 是调零端,调整 R_P 可使输出端 8 在静态时输出电压为零;9、6 两脚分别接正、负电源;输入信号接到同相输入端 5,因此输出信号和输入信号同相;放大器负反馈经反馈电阻 R_2 接到反相输入端 4;同相输入接法的电压放大倍数总是大于 1。

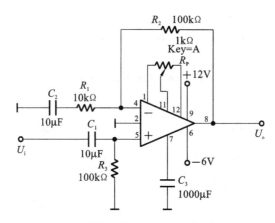

图 2.29 带调零端的同相输出运放电路

b. 反相输出运放电路。

也可以使输入信号从反相输入端接入,形成反相输出运放电路,见图 2.30。如对电路要求不高,可以不用调零,这时可以把 3 个调零端短路。

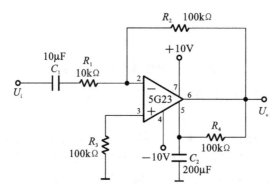

图 2.30 反相输出运放电路

输入信号从耦合电容 C_1 经 R_1 接入反相输入端,而同相输入端通过电阻 R_3 接地。反相输入接法的电压放大倍数可以大于 1、等于 1 或小于 1。

c. 同相输出高输入阻抗运放电路。

图 2.31 中没有接入 R_1,相当于 R_1 阻值无穷大,这时电路的电压放大倍数等于 1,输入阻抗可达几百千欧。

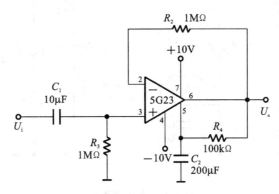

图 2.31　同相输出高输入阻抗运放电路

放大电路是电子电路中变化较多和较复杂的电路。在拿到一张放大电路图时,首先要对它进行逐级分解,然后一级一级地进行分析,理解它的工作原理,最后综合分析电路功能。

读图时要注意:

a. 在逐级分析时要对主要元器件和辅助元器件进行区分。放大器中使用的辅助元器件很多,如偏置电路中的温度补偿元件,稳压稳流电源,防止自激振荡的防振元件、去耦元件,电路保护元件等。

b. 在电路分析中,最主要也是最困难的是有关反馈的分析,要能找出反馈通路,判断反馈的极性和类型,特别是多级放大器,往往是后级将负反馈加到前级,因此更要细致地进行分析。

c. 一般低频放大器常用 RC 耦合方式;高频放大器则常常和 LC 调谐电路有关,或采用单调谐回路,或采用双调谐回路,而且电路里使用的电容器容量一般也比较小。

d. 弄清晶体管和电源的极性,放大器中常常使用双电源,这是放大电路的特殊性。

⑤应用举例。

在无线通信领域,射频放大器起到的是增强发射端输出信号的作用。

射频前端是无线通信中不可或缺的组成之一,负责射频收发、频率合成、功率放大,能够保证手机在不同频段下实现通信功能。功率放大器(简称 PA)在射频前端中具有重要作用,是决定信号发射性能的核心电路,从发出端的信号中择取主信号,放大信号幅度和功率,同时保证信号的清晰度。PA 的设计要求很高,从频率覆盖到性能,再到功耗,均应加以考虑,主要指标为输出功率、线性度、效率和谐波抑制性等。

PA 主要的应用场景包括手机、Wi-Fi 路由器、可穿戴设备以及物联网通信设备。其中手机和 Wi-Fi 路由器为当下最主要的应用平台。

图 2.32 是一个助听器电路,实际上是一个 4 级低频放大器。Q_1、Q_2 之间和 Q_3、Q_4 之间采用直接耦合方式,Q_2 和 Q_3 之间则采用 RC 耦合。为了改善音质,Q_1 和 Q_3 的本级有并联电压负反馈(R_2 和 R_7)。由于使用了高阻抗的耳机,因此可以把耳机直接接在 Q_4 的集电极回路内。R_6、C_2 是去耦电路,C_6 是电源滤波电容。

图 2.33 是普及型收音机的低放电路。电路共 3 级,第 1 级(Q_1)前置电压放大,第 2 级

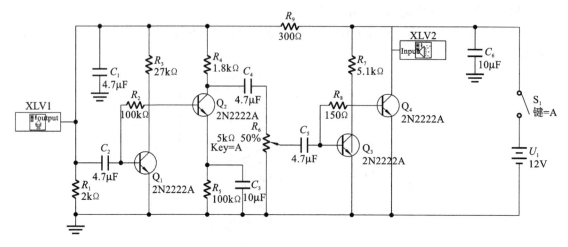

图 2.32 助听器电路

(Q_2)是推动级,第 3 级(Q_3、Q_4)是推挽功放。Q_1 和 Q_2 之间采用直接耦合,Q_2 和 Q_3、Q_4 之间用输入变压器(T_1)耦合并完成倒相,最后用输出变压器(T_2)输出,使用低阻扬声器。此外,Q_1 本级有并联电压负反馈(R_1),T_2 次级经 R_3 送回到 Q_2,有串联电压负反馈。电路中 C_5 的作用是增强高音区的负反馈,减弱高音以增强低音。R_4、C_4 为去耦电路,C_3 为电源的滤波电容。

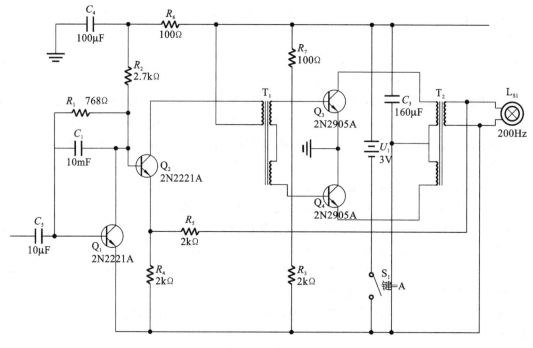

图 2.33 普及型收音机的低放电路

2. 存储

半导体存储器是一种能存储大量二值信息(或称作二值数据)的半导体器件。它属于大规模集成电路,由地址译码器、存储矩阵和输入/输出电路构成。由于计算机以及一些数字系统中要存储大量的数据,因此存储器是数字系统中不可缺少的组成部分。存储矩阵是由许多存储单元排列而成的。存储单元可以是二极管、双极型三极管或 MOS 管,每个单元能存放 1 位二值代码(0 或 1),而每一个或一组存储单元有一个相应的地址代码。地址译码器将输入的地址代码译成相应的控制信号,利用这个控制信号从存储矩阵中把指定的单元选出,并把其中的数据送到输入/输出电路。

由于计算机处理的数据量很大,运算速度很快,对存储器的存取速度和容量有一定的要求,因此将存储量和存取速度作为衡量存储器的重要性能指标。其中,存储量是指存储器所能存放二进制信息的总位数。存取速度是指从 CPU 给出有效的存储地址到存储器给出有效数据所需的时间。目前动态存储器的容量已达 10^9 位/片,一些高速存储器的存取时间仅 10 ns 左右。

可从不同角度对常见的半导体存储器进行分类。

(1) 按存取功能分类。

按照存取功能的不同,半导体存储器可分为只读存储器(read-only memory,简称 ROM)和随机存储器(random access memory,简称 RAM)。

① 只读存储器(ROM)。

ROM 的特点是在正常工作状态下只能从中读取数据,不能随时快速修改或重新写入数据。其电路结构简单,而且断电后数据不会丢失。缺点是只能用于存储固定数据的场合。

ROM 可分为掩模 ROM、可编程 ROM(programmable read-only memory,简称 PROM)和可擦除的可编程 ROM(erasable programmable read-only memory,简称 EPROM)。

在制造掩模 ROM 时,生产厂家利用掩模技术把数据写入存储器中,一旦 ROM 制成,其存储的数据就已经固化,无法更改。

PROM 在出厂时存储内容全为 1(或者全为 0),用户可根据自己的需要写入,利用通用或专用的编程器,将某些单元改写为 0(或 1)。

EPROM 是采用浮栅技术的可编程存储器,其数据不但可以由用户根据自己的需要写入,而且能擦除重写,所以具有较大的灵活性。它的数据写入需要通用或专用的编程器,其擦除为照射擦除,为一次全部擦除。电擦除的 PROM 有 E2PROM 和快闪 ROM。

② 随机存储器(RAM)。

RAM 的特点是在正常工作状态下可以随时向存储器里写入数据或从中读取数据。

根据存储单元工作原理的不同,随机存储器又可分为静态存储器(static random access memory,简称 SRAM)和动态存储器(dynamic random access memory,简称 DRAM)。

SRAM 的特点是数据由触发器记忆,只要不断电,数据就能永久保存。但 SRAM 存储单元使用的晶体管数量多,功耗大,集成度受到限制。为了克服这些缺点,产生了 DRAM,它的集成度要比 SRAM 高得多,缺点是速度不如 SRAM 快。

RAM 使用灵活方便,可以随时从其中任一指定地址读出(取出)或写入(存入)数据,缺点是数据具有易失性,即一旦失电,所存储的数据立即丢失。

(2) 按制造工艺分类。

按照制造工艺的不同,存储器可分为双极型(TTL 型)和单极型(MOS 型)。因为 MOS 电路(特别是 CMOS 电路)具有功耗低、集成度高的优点,所以目前大容量的存储器都是采用 MOS 工艺制作的。

3. 转换

在计算机控制系统中,被控量一般为非电量,如温度、压力、位移等,首先由传感器将它们转化成连续变化的模拟量,再由模/数(A/D)转换器转换成数字量,送到计算机中进行处理和计算。数/模(D/A)转换器再将计算机输出的数字量转换成模拟量,加到执行机构,以调节被控对象的大小。

为了保证数据处理结果的准确性,A/D 转换器和 D/A 转换器必须有足够的转换精度,转换精度一般是指转换中的实际输出值与理论输出值之比,以全程的百分比或者最大输出电压的百分比的形式表示。另外,对于过程控制和检测需求,A/D 转换器和 D/A 转换器必须有足够的转换速度。因此,转换精度和转换速度是 A/D 转换器和 D/A 转换器的主要性能指标。

(1) D/A 转换器。

将数字信号转换成模拟信号的过程称为 D/A 转换(digital to analog),实现 D/A 转换的电路称为 D/A 转换器,简写成 DAC(digital-analog converter)。

工作原理:数字量是用代码按数位组合起来表示的,对于有权码,每位代码都有一定的权。为了将数字量转换成模拟量,必须将每一位的代码按其权的大小转换成相应的模拟量,然后相加,即可得与数字量成正比的总模拟量,从而实现数字量到模拟量的转换。

目前常用的 D/A 转换器有权电阻网络 D/A 转换器、倒梯形电阻网络 D/A 转换器、权电流型 D/A 转换器、权电容型 D/A 转换器以及开关树型 D/A 转换器等类型。

(2) A/D 转换器。

将模拟信号转换成数字信号的过程称为 A/D 转换(analog to digital),实现 A/D 转换的电路称为 A/D 转换器,简写为 ADC(analog-digital converter)。

工作原理:由于输入的模拟信号在时间上是连续的,而输出的数字信号在时间和幅值上都是离散的,因此转换时一般要经过取样、保持、量化和编码四个过程。有时取样和保持、量化和编码在转换过程中同时实现,所以 A/D 转换首先是对输入模拟电压信号进行取样,然后保持并将取样电压量化为数字量,并按一定的编码形式给出转换结果。

A/D 转换器可分为直接 A/D 转换器和间接 A/D 转换器。在直接 A/D 转换器中,输入的模拟信号被直接转换成相应的数字信号;而在间接 A/D 转换器中,输入的模拟信号首先被转换成某种中间变量(如时间、频率等),然后这个中间变量再被转换成输出的数字信号。

2.3.3 信号参数

电路中常见的信号参数有电压、电流、电阻、频率、阻抗等。

1. 电压

电压(voltage)也称作电势差或电位差,是衡量单位电荷在静电场中由电势不同所产生的能量差的物理量,其大小等于单位正电荷因受电场力作用从 A 点移动到 B 点所做的功。电压的方向规定为从高电位指向低电位的方向。电压的国际单位为伏特,简称伏,用符号 V 表示,常用的单位还有毫伏(mV)、微伏(μV)、千伏(kV)等。需要指出的是,"电压"一词一般只用于电路当中,"电势差"和"电位差"则普遍应用于一切电现象当中。

电压可分为高电压、低电压和安全电压。

高低压的划分是以电气设备的对地电压值为依据的。对地电压高于 1000 伏的为高压。对地电压小于或等于 1000 伏的为低压。

安全电压是指人体较长时间接触而不致发生触电危险的电压。我国将工频安全电压额定值划分为 42 V、36 V、24 V、12 V 以及 6 V 五个等级。

2. 电流

单位时间内通过导体任一横截面的电量叫作电流强度,简称电流。电流通常用字母 I 表示,它的单位是安培(安德烈·玛丽·安培,1775—1836 年,法国物理学家、化学家,在电磁作用方面的研究成就卓著,在数学方面也有贡献,电流的国际单位安培即以其姓氏命名),简称安,用符号 A 表示。电流也指电荷在导体中的定向移动。

电源的电动势形成了电压,继而产生了电场力,在电场力的作用下,处于电场内的电荷发生定向移动,形成了电流。每秒通过 1 库仑的电量称为 1 安培(A)。安培是国际单位制中所有电性的基本单位,其他常用的单位有千安(kA)、毫安(mA)、微安(μA),$1A = 1000\ mA = 1000000\ \mu A$。物理学上规定,正电荷定向流动的方向为电流方向。金属导体中电流的微观表达式为 $I=nesv$,n 为单位体积内的自由电荷数,e 为电子的电荷量,s 为导体横截面积,v 为电荷速度。

大自然有很多种承载电荷的载子,例如,导电体内可移动的电子、电解液内的离子、等离子体内的电子和离子、强子内的夸克。这些载子的移动形成了电流。

3. 电阻

电荷在导体中运动时,会受到分子和原子等其他粒子的碰撞与摩擦,碰撞和摩擦的结果形成了导体对电流的阻碍,这种阻碍最明显的特征是导体消耗电能而发热(或发光)。物体对电流的这种阻碍作用,称为该物体的电阻。电阻器(resistor)在日常生活中一般直接称为电阻,是一种限流元件,阻值不能改变的称为固定电阻器,阻值可变的称为电位器或可变电阻器。理想的电阻器是线性的,即通过电阻器的瞬时电流与外加瞬时电压成正比。电位器是用于分压的可变电阻器,在裸露的电阻体上,紧压着一至两个可移金属触点,触点位置决定电阻体任一端与触点间的阻值。

电阻是端电压与电流有确定函数关系,体现电能转化为其他形式能力的二端器件,用字母 R 表示,单位为欧姆(Ω)。实际器件如灯泡、电热丝、电阻器等均可表示为电阻元件。

电阻元件的电阻值大小一般与温度、材料、长度、横截面积有关,衡量电阻受温度影响大小的物理量是温度系数,其定义为温度每升高 1℃时电阻值发生变化的百分数。电阻的主要物理特征是变电能为热能,也可说它是一个耗能元件,电流经过它就产生内能。电阻在电路中通常起分压、分流的作用。对信号来说,交流与直流信号都可以通过电阻。

电阻器由电阻体、骨架和引出端三部分构成(实芯电阻器的电阻体与骨架合二为一),而决定阻值的只是电阻体。对于截面均匀的电阻体,电阻值为 $R=\rho l/s$。式中,ρ 为电阻材料的电阻率(欧·厘米);l 为电阻体的长度(厘米);s 为电阻体的截面积(平方厘米)。

伏安特性曲线用来表示电阻端部电压和电流的关系,当电压和电流成比例时(特性为直线),称为线性电阻,否则称为非线性电阻。

表征电阻特性的主要参数有标称阻值及其允许偏差、额定功率、负荷特性、电阻温度系数等。

标称阻值是指用数字或色标在电阻器上标记的设计阻值,单位为欧(Ω)、千欧(kΩ)、兆欧(MΩ)、太欧(TΩ)。阻值按标准化优先数系列制造,系列数对应于允许偏差。

电阻的阻值和允许偏差的标注方法有直标法、色标法和文字符号法。

(1)直标法。

将电阻的阻值和允许偏差直接用数字和字母印在电阻上的标示方法称为直标法,也有厂家采用习惯标记法,如:

3 Ω 3 Ⅰ 表示电阻值为 3.3 Ω,允许偏差为 ±5%；
1 K 8 表示电阻值为 1.8 kΩ,允许偏差为 ±20%；
5 M 1 Ⅱ 表示电阻值为 5.1 MΩ,允许偏差为 ±10%。
(2) 色标法。

色标法是将不同颜色的色环涂在电阻器(或电容器)上来表示电阻(或电容器)的标称值及允许偏差。

表 2.2、表 2.3 所示为四环电阻和五环电阻的识别方法。

表 2.2 四环电阻的识别

颜色	第一环数字	第二环数字	倍乘数	公差
黑	0	0	10^0	
棕	1	1	10^1	
红	2	2	10^2	
橙	3	3	10^3	
黄	4	4	10^4	
绿	5	5	10^5	金色 ±5%
蓝	6	6	10^6	银色 ±10%
紫	7	7	10^7	
灰	8	8	10^8	
白	9	9	10^9	
金	—	—	10^{-1}	
银	—	—	10^{-2}	

表 2.3 五环电阻的识别

颜色	第一环数字	第二环数字	第三环数字	倍乘数	公差
黑	0	0	0	10^0	
棕	1	1	1	10^1	棕色 ±1%
红	2	2	2	10^2	红色 ±2%
橙	3	3	3	10^3	绿色 ±0.5%
黄	4	4	4	10^4	蓝色 ±0.25%
绿	5	5	5	10^5	紫色 ±0.10%
蓝	6	6	6	10^6	灰色 ±0.05%
紫	7	7	7	10^7	

续表

颜色	第一环数字	第二环数字	第三环数字	倍乘数	公差
灰	8	8	8	10^8	棕色±1%
白	9	9	9	10^9	红色±2%
					绿色±0.5%
金	—	—	—	10^{-1}	蓝色±0.25%
					紫色±0.10%
银	—	—	—	10^{-2}	灰色±0.05%

例如:一个四环电阻的第一环是红色(阻值的十位数),第二环是橙色(阻值的个位数),第三环是黑色(倍乘数),第四环是金色(允许偏差),那么这个电阻的阻值应该是23 Ω,允许偏差为±5%。

一个五环电阻的第一环是红色(阻值的百位数),第二环是蓝色(阻值的十位数),第三环是绿色(阻值的个位数),第四环是黑色(倍乘数),第五环是棕色(允许偏差),那么这个电阻的阻值应该是265 Ω,允许偏差为±1%。

4. 频率

频率是单位时间内完成周期性变化的次数,是描述周期运动频繁程度的量,常用符号 f 或 v 表示,单位为秒分之一。为了纪念德国物理学家赫兹的贡献,人们把频率的单位命名为赫兹,简称赫,符号为Hz。每个物体都有由它本身性质决定的与振幅无关的频率,叫作固有频率。频率的概念不仅应用于力学、声学中,在电磁学、光学与无线电技术中也常使用。

日常生活中的交流电的频率一般为50 Hz或60 Hz,而无线电技术中涉及的交流电频率一般较大,常以千赫兹(kHz)甚至兆赫兹(MHz)来度量。

中国使用的电是一种正弦交流电,其频率是50 Hz,即一秒钟内做了50次周期性变化。交流电的频率,工业术语叫作工频。2013年,全世界的电力系统中,工频有两种,一种为50 Hz,还有一种是60 Hz。

频率的定量分析势必涉及频率测量。频率测量的一般原理是通过相应的传感器,将周期变化的特性转化为电信号,再由电子频率计显示对应的频率,如工频、声频、振动频率等。除此之外,还可应用多普勒效应原理对声频进行测量。

5. 阻抗

在电学中,常把对电路中的电流所起的阻碍作用叫作阻抗。阻抗的单位为欧姆,常用 Z 表示,是一个复数。$Z = R + i(\omega L - 1/(\omega C))$。具体说来,阻抗可分为两个部分——电阻(实部)和电抗(虚部)。其中电抗又包括容抗和感抗,由电容引起的电流阻碍称为容抗,由电感引起的电流阻碍称为感抗。

阻抗匹配是指信号源或者传输线跟负载之间达到一种适合的搭配。阻抗匹配主要有两个作用:调整负载功率和抑制信号反射。

调整负载功率:假定激励源已定,那么负载的功率由两者的阻抗匹配度决定。对于一个理想化的纯电阻电路或者低频电路,由电感、电容引起的电抗基本可以忽略,此时电路的阻抗来源主要为电阻。

抑制信号反射:当一束光从空气射向水中时会发生反射,这是因为光和水的光导特性不同。

同样,在信号传输中,如果传输线上发生特性阻抗突变,也会发生反射。波长与频率成反比,低频信号的波长远远大于传输线的长度,因此一般不用考虑反射问题。对于高频领域而言,当信号的波长与传输线的长度处于相同量级时,反射的信号易与原信号混叠,影响信号质量。通过阻抗匹配可有效减少,甚至消除高频信号反射。

2.4 典型应用

2.4.1 楼道触摸延时开关

1. 导入

随着市场经济的发展,人们对开关的要求越来越高,开关的种类也因此越来越齐全,声控开关、机械开关、光控开关等品种逐步进入我们的生活中。机械开关属于有触点开关元件,它有接触不良、故障率高、使用不便等缺点,且摩擦较大,容易损坏;声控开关严重浪费了电力资源,干扰了环境安宁;光控开关是利用光线的强度来实现对电器的自动控制的电子开关,它对光线的强弱要求苛刻。由于以上开关具有各种缺点,我们需要寻求更为理想的开关元件,以方便人们的生活。楼道触摸延时开关是一种新型电子节能开关,可广泛应用于多层住宅和办公楼室外的走廊、门厅、楼梯间、电梯间、过道等公共场所,也可以在家里安装。需要开灯时,手指轻轻触摸开关的感应区,电灯自动点亮,经过一定时间,电灯自动熄灭,操作简单,实用节能。

2. 楼道触摸延时开关设计

(1)楼道触摸延时开关工作原理。

考虑到应用安全,用隔离变压器对220 V交流电进行降压,得到13 V的交流电压,经整流、滤波得到13 V的直流电压,再经过L7805稳压器,得到稳定的5 V直流电压,为NE555提供工作电压。当需要开灯时,用手触碰一下感应区,触发信号电压加至NE555的触发端,使NE555的输出由低电平变成高电平,继电器KS吸合,220 V交流电形成回路,电灯点亮。同时,电源通过定时电阻给定时电容充电,这就是定时的开始。经过一段时间后,NE555的输出端由高电平变回低电平,继电器释放,220 V交流电形成的回路断开,电灯熄灭。触摸延时开关工作原理图如图2.34所示。

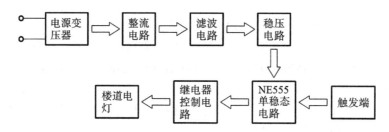

图2.34 触摸延时开关工作原理图

(2)直流稳压电源电路设计。

电子系统的正常运行离不开稳定的电源,除了在某些特定场合采用太阳能电池或化学电池作为电源外,多数电路的直流电源是由电网供应的交流电转换来的。常用的小功率直流稳压电源系统由电源变压器、整流电路、滤波电路、稳压电路四部分组成,如图2.35所示。

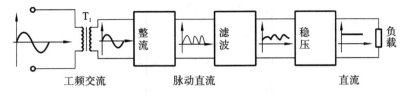

图2.35 小功率直流稳压电源系统结构图

电源变压器将电网交流电压(220 V或380 V)变换成符合需要的交流电压,此交流电压经过整流后可获得电子设备所需的直流电压。因为大多数电子电路使用的电压都不高,所以这个变压器是降压变压器。

整流电路利用具有单向导电性能的整流元件,把方向和大小都变化的50 Hz交流电变换为方向不变但大小随时间变化的脉动直流电。滤波电路利用储能元件电容器 C 两端的电压不能突变的性质,把电容 C 与整流电路的负载 R_L 并联(或串联),就可以将整流电路输出电压中的大部分交流成分加以滤除,从而得到比较平滑的直流电。

当电网电压或负载电流发生变化时,滤波电路输出的直流电压的幅值也将随之变化。因此,稳压电路的作用是使整流滤波后的直流电压基本上不随交流电网电压和负载的变化而变化。

·图2.36所示为直流稳压电源电路图。

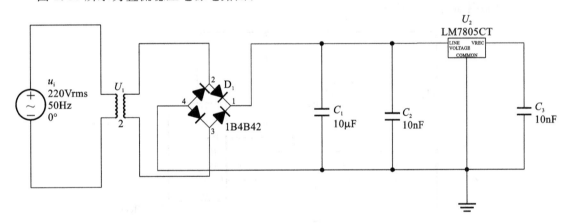

图2.36 直流稳压电源电路图

(3)延时电路设计。

延时电路主要由时基芯片NE555和电阻、电容构成的单稳态电路组成。NE555集成定时器是一种数字、模拟混合型的中规模集成器件,应用十分广泛,可作为各种仪器、仪表、自动化装置以及各种民用电器的定时器、时间延时器等时间功能电路,也可构成自激多谐振荡器、脉冲调制电路、脉冲相位调谐电路及单稳态、双稳态等各种电路。图2.37所示为NE555定时器逻辑图形符号。各引脚介绍如下:1脚(GND)——接地端;2脚(TR′)——低电平触发端;3脚——电路的输出端;4脚——复位端,低电平有效;5脚——电压控制端;6脚(TH)——阈值输入端;7脚(DISC)——放电端;8脚(U_{CC})——电源电压端,其电压范围为3~18 V。

延时电路工作原理:正常情况下,由于触摸端无感应电压,电容 C_1 通过NE555第7脚放电

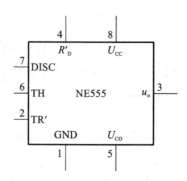

图 2.37 NE555 定时器逻辑图形符号

完毕,第 3 脚输出为低电平,继电器 KS 释放,电灯不亮。当需要开灯时,用手触碰一下触摸端,触发信号电压由 C_2 加至 NE555 的触发端,使 NE555 的输出由低电平变成高电平,继电器 KS 吸合,电灯点亮。同时,NE555 第 7 脚内部截止,电源便通过 R_1 给 C_1 充电,这就是定时的开始。当电容 C_1 上的电压上升至电源电压的 2/3 时,NE555 第 7 脚导通,使 C_1 放电,第 3 脚的输出由高电平变回低电平,继电器释放,电灯熄灭,定时结束。定时长短(T_1)由 R_1、C_1 决定:

$$T_1 = 1.1 R_1 \times C_1$$

若需要延时一分钟,即 $T_1=60$ s,设 $C_1=100$ μF,由上式可得:

$$R_1 = 60/(1.1 \times 0.0001) \text{k}\Omega = 545 \text{ k}\Omega$$

延时电路图如图 2.38 所示。

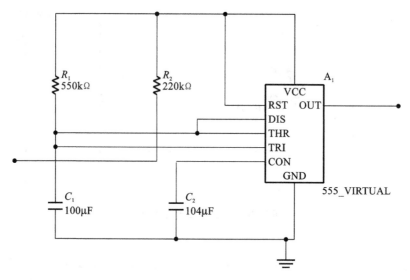

图 2.38 延时电路图

(4)控制电路设计。

在楼道触摸延时开关设计中,控制电路主要由继电器与二极管组成。继电器是一种电子控制器件,通常应用于自动控制电路中,它实际上是用较小的电流去控制较大的电流的一种"自动开关",在电路中起着自动调节、安全保护、转换电路等作用。继电器的种类较多,如电磁式继电器、舌簧式继电器、启动继电器、限时继电器、直流继电器、交流继电器等。其中在电子电路中应用得最广泛的是电磁式继电器。通常,电磁式继电器由铁芯、线圈、衔铁、触点弹簧片等组成。

只要在线圈两端加上一定的电压,线圈中就会流过一定的电流,从而产生电磁效应,衔铁就会在电磁力吸引的作用下克服返回弹簧的拉力而吸向铁芯,从而带动衔铁的动触点与静触点(常开触点)吸合。当线圈断电后,电磁的吸力也随之消失,衔铁就会在弹簧反作用力的作用下返回原来的位置,使动触点与原来的静触点(常闭触点)吸合。这样吸合、释放,达到了导通、切断电路的目的。

通过继电器的通断来控制灯泡的亮与灭。电路中,继电器线圈两端反相并联了一只二极管,它是用于保护集成块的,切不可省去,否则在继电器由吸合状态转为释放时,线圈在电感的作用下将产生较高的反电动势,极容易导致集成块被击穿。并联了二极管后,在继电器由吸合变为释放的瞬间,线圈将通过二极管形成短时间的续流回路,使线圈中的电流不致突变,从而避免了线圈中反电动势的产生,确保了集成块的安全。

图 2.39 所示为控制电路图。控制电路参数要求:继电器的型号由 NE555 的 3 脚输出电压决定,由于 NE555 的供电电源是 5 V,所以 3 脚输出电压约等于 5 V。可以选用额定电压为 5 V 的继电器,二极管选用普通二极管。

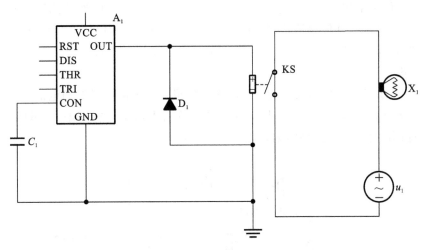

图 2.39 控制电路图

2.4.2 红外报警器

1. 导入

近年来,入室盗窃案时有发生,且极易转化为情节较严重的抢劫、杀人等犯罪行为,已成为影响社会治安的突出问题,因此,做好居住场所的安防措施显得尤为重要。而目前许多住宅的安防主要依靠安装防盗窗、防盗门以及人工防范,这样不能有效地防范不法分子的侵入,并且不能及时报警。那么有没有什么方法,当家中出现异常情况时能及时发现并报警呢?红外报警器可以很好地解决上述问题。下面以红外报警器的硬件电路设计为切入点,介绍放大电路在电子线路设计中的重要作用。

2. 红外报警器硬件电路设计

红外报警器是如何探测到室内有人入侵的呢?这主要依靠的是红外传感器。该传感器能探测人体发出的红外线,当人进入报警器的监视区域时,红外传感器即可将探测到的人体信号传给控制模块,从而发出报警信号,并及时发送报警信息到指定手机,适用于家庭、办公室、仓库、实验室等场合的防盗报警。

图 2.40 所示为红外报警器电路的系统框图。

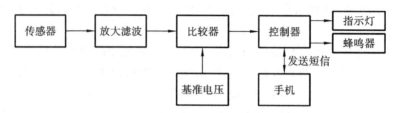

图 2.40　红外报警器电路的系统框图

红外传感器检测到人体红外线后产生的感应信号一般非常微弱,且容易受到噪声的干扰,甚至有效信号被淹没在噪声中,导致控制器识别不了有人入侵的有效信号,从而出现报警器漏报现象。

那么要如何解决上述问题呢?这就需要放大电路"出场"了。既然传感器检测到的信号微弱,那就用放大电路对红外传感器检测到的信号进行放大和滤波,以供下一级电路使用。

由此可知,在硬件电路设计中,放大电路在信号测量和控制方面起着重要作用。

3. 设计方案

如图 2.41 所示,VT_1 和运算放大器 LM358 等组成放大电路。微弱的电信号经三极管 VT_1 等组成的第一级放大电路放大,再通过 C_2 输入到运算放大器中进行高增益、低噪声放大,此时由 IC2A 1 脚输出的信号已足够强,输入电压比较电路。

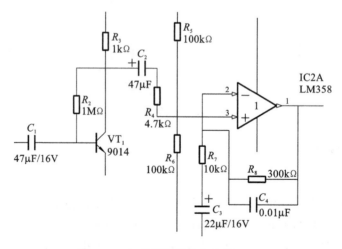

图 2.41　红外报警器的电路原理图 1

图 2.42 中热释电传感器 D 端和 5 V 电源间串联 10 kΩ 电阻,用于降低射频干扰,G 端接地,S 端接 4.7 kΩ 负载电阻,偏置电压约为 1 V。传感器输出直接耦合到低噪声运放(LM324)构成的带通滤波和第一级放大电路的反向输入端,再由电阻 R_6、电容 C_4 耦合到第二级反向放大电路,进行进一步滤波、放大。

上面三种红外报警器放大电路设计用到了集成运放芯片 LM324 和 LM358。这两款芯片的引脚功能、设计思路主要来源于各自对应的 datasheet(数据手册)。

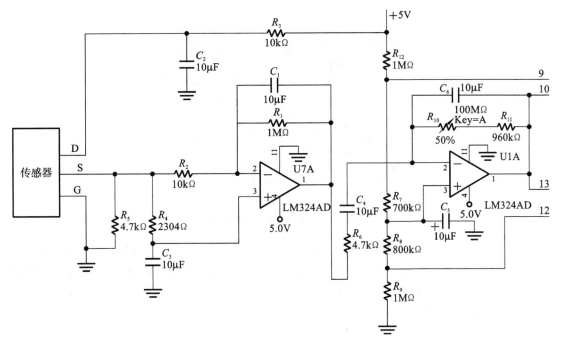

图 2.42 红外报警器的电路原理图 2

4. 运算放大器介绍

查找芯片的 datasheet(数据手册)可以获取某一款芯片的较全面的介绍。具体步骤详见前面 2.3.1 小节的讲解。

(1) LM324。

LM324 是四运放集成电路,它采用 14 脚双列直插塑料封装,内部包含四组形式完全相同的运算放大器(简称运放),除电源共用外,四组运放电路相互独立。由于 LM324 四运放电路具有电源电压范围宽、静态功耗小、可单电源使用、价格低廉等优点,因此被广泛应用在各种电路中。

① 引脚介绍。

每一组运算放大器可用图 2.43 所示的符号来表示,它有 5 个引出脚,其中"+""-"为两个信号输入端,"$U+$""$U-$"为正、负电源端,"U_o"为输出端。两个信号输入端中,U_i-为反相输入端,表示运放输出端 U_o 的信号与该输入端的相位相反;U_i+为同相输入端,表示运放输出端 U_o 的信号与该输入端的相位相同。

LM324 的引脚排列见图 2.44。1、2、3 脚是一组,5、6、7 脚是一组,8、9、10 脚是一组,12、13、14 脚是一组,剩下的两个脚是电源。1、7、8、14 是各组放大器的输出脚,其他的就是输入脚。

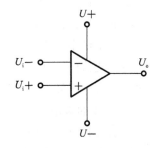

图 2.43 运算放大器内部组成图

此电路可将输入交流信号分成三路输出,三路信号可分别用作指示、控制、分析等用途,而对信号源的影响极小。

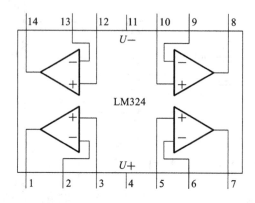

图 2.44　LM324 的引脚排列

LM324 系列器件带有真差动输入的四运算放大器,与单电源应用场合的标准运算放大器相比,它们有一些显著优点。该四运算放大器可以在 3.0 伏至 32 伏的电源下工作,静态电流为 MC1741 的静态电流的五分之一。共模输入范围包括负电源,因而消除了在许多应用场合中采用外部偏置元件的必要性。

②参数描述。

运算类型:低功率。

放大器数目:4。

带宽:1.2 MHz。

引脚数:14。

工作温度范围:0～70 ℃。

封装类型:SOIC。

3 dB 带宽增益乘积:1.2 MHz。

变化斜率:0.5 V/μs。

器件标号:324。

器件标记:LM324AD。

增益带宽:1.2 MHz。

电源电压最大:32 V。

电源电压最小:3 V。

表面安装器件:表面安装。

输入偏移电压最大:7 mV。

③LM324 的应用。

下面介绍其应用实例。

a.反相交流放大器。

反相交流放大器电路见图 2.45。此放大器可代替晶体管进行交流放大,可用于扩音机前置放大等。电路无须调试。放大器采用单电源供电,C_1 是消振电容。

放大器电压放大倍数 A_v 仅由外接电阻 R_i、R_f 决定:$A_v = -R_f/R_i$。负号表示输出信号与输

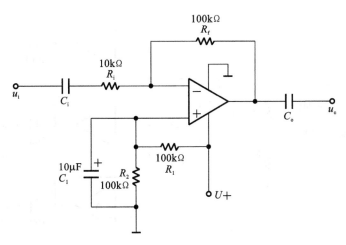

图 2.45 反相交流放大器电路

入信号相位相反。按图中所给数值,$A_v = -10$。此电路输入电阻为 R_i,一般情况下,先取 R_i 与信号源内阻相等,然后根据要求的放大倍数选定 R_f。C_o 和 C_i 为耦合电容。

b. 同相交流放大器。

同相交流放大器电路如图 2.46 所示,其特点是输入阻抗高。

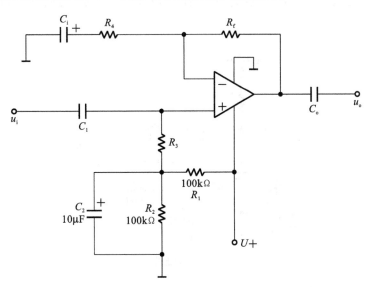

图 2.46 同相交流放大器电路

电路的电压放大倍数 A_v 也仅由外接电阻决定:$A_v = 1 + R_f/R_4$,电路输入电阻为 R_3。R_4 的阻值范围为几千欧姆到几十千欧姆。

c. 交流信号三分配放大器。

交流信号三分配放大器可将输入交流信号分成三路输出,三路信号可分别用作指示、控制、分析等用途。输入电阻高,运放 A_1 至 A_4 均把输出端直接接到负输入端,信号输入至正输入端,相当于同相放大状态下 $R_f = 0$ 的情况,故各放大器电压放大倍数均为 1,与分立元件组成的射极跟随器作用相同,如图 2.47 所示。

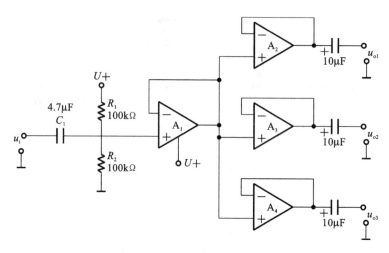

图 2.47 交流信号三分配放大器电路

d. 测温电路。

测温电路见图 2.48。感温探头采用一只硅三极管 3DG6,把它接成二极管形式。硅晶体管发射结电压的温度系数约为 $-2.5\ \text{mV}/℃$,即温度每上升 $1℃$,发射结电压便下降 $2.5\ \text{mV}$。运放 A_1 连接成同相直流放大形式,温度越高,晶体管 BG1 压降越小,运放 A_1 同相输入端的电压就越低,输出端的电压也越低。

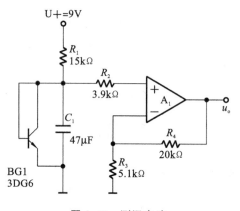

图 2.48 测温电路

这是一个线性放大过程。在 A_1 输出端接上测量或处理电路,便可对温度进行指示或进行其他自动控制。

e. 有源带通滤波器。

电路结构如图 2.49 所示。许多音响装置的频谱分析器均使用此电路作为带通滤波器,以选出各个不同频段的信号,在显示上利用发光二极管点亮的多少来指示信号幅度的大小。

此电路亦可使用单电源,只需将运放正输入端偏置在 $\dfrac{1}{2}U+$ 并将电阻 R_2 下端接到运放正输入端即可。

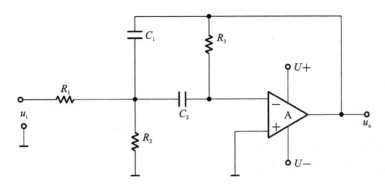

图 2.49 有源带通滤波器电路结构

f. 比较器。

如图 2.50 所示，当去掉运放的反馈电阻时，或者说反馈电阻趋于无穷大（即开环状态）时，理论上认为运放的开环放大倍数也为无穷大（如 LM324 运放开环放大倍数为 100 dB，即 10 万倍）。此时运放便形成一个电压比较器，其输出不是高电平（$U+$），就是低电平（$U-$或接地）。当正输入端电压高于负输入端电压时，运放输出低电平。

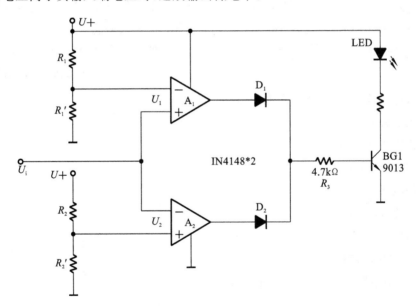

图 2.50 比较器电路

图 2.50 中使用两个运放组成一个电压上下限比较器，电阻 R_1、R_1' 组成分压电路，为运放 A_1 设定比较电平 U_1；电阻 R_2、R_2' 组成分压电路，为运放 A_2 设定比较电平 U_2。输入电压 U_i 同时加到 A_1 的正输入端和 A_2 的负输入端之间，当 $U_i > U_1$ 时，运放 A_1 输出高电平。当 Ui 满足下列情况：

若选择 $U_1 > U_2$，则当输入电压 U_i 越出 $[U_2, U_1]$ 区间范围时，LED 点亮，这便是一个电压双限指示器。

若选择 $U_2 > U_1$，则当输入电压在 $[U_1, U_2]$ 区间范围内时，LED 点亮，这是一个"窗口"电压指示器。

此电路与各类传感器配合使用,稍加变通,便可用于各种物理量的双限检测、短路、断路报警等。

(2)LM358。

LM358 是常用的双运算放大器,包括两个高增益、独立的、内部频率补偿的运算放大器,适用于电压范围很宽的单电源,也适用于双电源工作方式。它的应用范围包括传感放大器、直流增益模块和其他所有可用单电源供电的使用运放的场合。LM358 封装有塑封 8 引线双列直插式和贴片式两种。LM358 引脚图如图 2.51 所示。

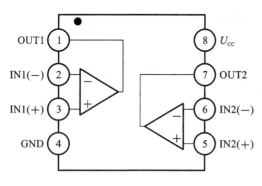

图 2.51 LM358 引脚图

①LM358 的特点。

内部频率补偿;

直流电压增益高(约 100 dB);

单位增益频带宽(约 1 MHz);

电源电压范围宽:单电源为 3～30 V,双电源为 ±1.5～±15 V;

低功耗电流,适合于电池供电;

低输入偏流;

低输入失调电压和失调电流;

共模输入电压范围宽,包括接地;

差模输入电压范围宽,等于电源电压范围;

输出电压摆幅大(0～1.5 V);

输入偏置电流 45 nA;

输入失调电流 50 nA;

输入失调电压 2.9 mV;

共模抑制比 80 dB;

电源抑制比 100 dB。

②LM358 应用电路图。

LM358 应用电路图如图 2.52 至图 2.56 所示。

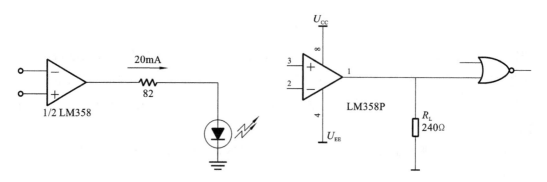

图 2.52 LED 驱动器电路　　　　　　图 2.53 TTL 驱动电路

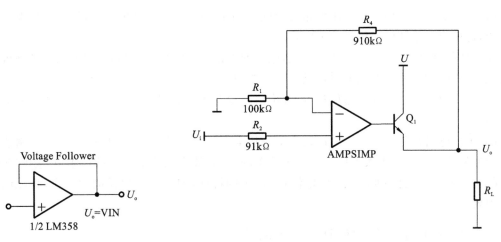

图 2.54 电压跟随器电路　　　　图 2.55 功率放大器外围电路

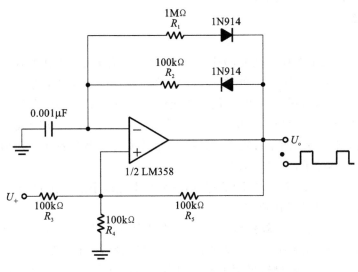

图 2.56 脉冲发生器电路

2.5 进一步学习

2.5.1 如何学习硬件设计——理论篇

硬件设计涉及非常庞大的知识体系,而且,一个电路中的一点小错误,都有可能导致整个系统不能工作。所以,设计硬件的人需要具备缜密的思维,而这种思维是在后天的学习中培养出来的。

下面介绍一些硬件设计相关的高级理论知识。

(1)信号完整性分析。可以说硬件工程师最大的敌人就是干扰,要解决这些干扰,就得做好电磁兼容性设计,以画出性能更优的 PCB。

(2)开关电源。学会设计电源电路,给自己的电路系统配上合适的电源,以及解决电源完整性问题,这相当考验硬件工程师的模电功底。

(3)射频电路设计。随着科技的发展,电路的工作频率将越来越高,频率升高会带来各种各样的难题,所以学会设计射频电路也是很有必要的。

(4)通信原理。掌握现代通信技术,其中信息论基础和各种调制方式都会在各种通信电路当中用到。

(5)集成电路原理与应用。可以说几乎每块电路板都会用到芯片,所以学习芯片制造技术将会让你的硬件设计水平大大提高。举个简单的案例,数字电位器里面的电阻就是用 MOS 管构成的有源电阻,一定要通电,它才能体现出电阻的特性,如果只使用模电的知识,将无法理解这一现象。

2.5.2 如何学习硬件设计——实践篇

下面介绍硬件设计的实践路线。

1. 初级实践篇

(1)焊接。

首先可以看一下网上的焊接视频,关键步骤视频中都有展示,这里大概介绍一下。拖焊的时候,先对齐芯片,再上锡固定一个角,然后在另一侧加满锡,最后整个芯片都加满锡。把板子拿起来,倾斜30度左右,再用烙铁加热,把变成液体的锡吸起来,甩掉,直到把所有锡都吸走为止。烙铁的温度要调好,一般以350摄氏度左右为宜。要注意的是,锡变成液体的时候会像水一样向下流,还有,烙铁头表面是有吸力的,所以在整个焊接过程中都不要用力刮锡。在焊接的时候,如果操作起来不顺手,可以转动板子。

关于BGA(球栅阵列结构的PCB)的焊接,一般是不建议手工操作的,因为成功率不高。这里说一下BGA手工植球的操作流程。

先将万能植锡钢网(这是比较落后的工具,除此之外还有植锡台,不过价格较高)跟BGA对齐,再用胶布把BGA和钢网粘在一起并固定好。先加锡膏,再用风枪吹一会(风枪的风速和温度可以调低一点),锡变亮的时候,再用手术刀把多余的锡刮走。如果锡球不均匀,可重复上一步,直至锡球均匀为止。撕掉胶布,用手术刀把BGA撬起来。

(2)仪器仪表的使用。

①万用表。万用表几乎是万能的,一般可以用它测电压、电流和电阻。

②示波器。示波器包括模拟示波器和数字示波器,现在常用的是数字示波器。数字示波器可以通过auto键自动获取波形,而且具有FFT功能,可以使用频域分析法,是硬件工程师必须学会使用的仪器。示波器可以显示李沙育图形,用来测量相位和频率。此外,要学会用示波器测开关电源纹波。

③数字电桥,也叫LCR、LCZ测试仪,可以用它测电感值、电容值、电阻值、Q值、D值等,精度比一般的万用表要高。

④信号发生器,也叫函数信号发生器,它可以输出正弦波、方波、三角波、已调信号。信号发生器的用法比较简单,但是在使用射频信号发生器时要注意,在输出信号之前,一定要做好阻抗匹配,否则产生信号反射时有可能会损坏信号发生器。

⑤频率计。频率计的用法比较简单,在此不再赘述。有的信号发生器还增加了频率计的

功能。

⑥矢量网络分析仪,也叫网分仪,用于测量射频电路的 S 参数矩阵,还可以显示史密斯圆图。每次使用之前都要校正频率点。

⑦频谱仪可以用来测量和显示信号的频率和幅值,也有示波器的功能。

还有一些小众仪器,如漏电流测试仪、电表等,这里就不一一介绍了。

(3) 维修。

首先用肉眼观察电路板,看有没有虚焊、短路或者缺少元件。然后用万用表测一下各组电源,看有没有短路。给板子上电,看各组电源电压是否正常。针对各步骤发现的问题进行维修。

之后,先将板子按功能划分为若干个模块,根据异常现象判断哪个模块出了问题,再断开可疑的模块来排除可疑点。有一块好板的话,就很好办,直接对照着测各元件的电压(或者对地的电阻值)就能解决了。用万用表只能解决一些简单的问题,要想彻底修好,一定要用到示波器,因为像晶振受到干扰之类的问题,用万用表是测不出来的。

(4) 调试。

一般自主设计的电路没有经过验证,需要自己调试,这需要具备扎实的理论基础。调试是硬件工程师最容易累积经验、含金量最高的技能之一,调试技巧的掌握需要长时间的积累。

调试方法多种多样,视情况而定,不能一概而论。下面总结了几个方法:

①示波器测量。首先你得清楚自己设计的电路会在示波器上显示什么样的波形,才能根据测量结果进行判断。

②对照验证过的电路。如果手上有一块好板,而需要调试的电路刚好与好板的电路一样,那么可以拿好板来飞几根线验证一下,排除可疑点。这里跟维修的方法一样。

③仿真。可以在仿真软件的帮助下对设计电路进行仿真验证。

④镊子短路。在你怀疑时钟是不是干扰到其他信号的时候,可以用镊子把时钟引脚跟地短接(只要是弱信号,跟地短接一会是不会烧坏板子的),以排除可疑点。还有复位的问题,也可以用这个方法。

⑤信号发生。一个运放电路的输入端和输出端均受到干扰时,可以用信号发生器或者开发板来输出一路干净的信号,这样可以排除可疑点。

⑥软件调试。如果板子上有 CPU 就可以用串口调试,有 FPGA 就可以用嵌入式逻辑分析仪,这样可以确定问题发生在芯片内部还是外部。

⑦观察现象。信号是看不见的,这个时候,可以引出信号线,接在可观察的设备上。如:调试音频放大器的时候,可以将一路信号接到一个现成的功放上面,通过听声音来观察现象。当然,还有其他可观察的设备或者元件,像 LED 灯、显示器,甚至是收音机,只要能派得上用场的都可以。

2. 中级实践篇

(1) 仿真软件的使用。

常用的仿真软件有 Proteus、Multisim、LabVIEW、PSpice、ADS、Saber 等,其中大多数用的是 SPICE 仿真模型。

①Proteus。这个软件很适合仿真单片机,元件库也比较多,但它有个致命的缺点,就是单片机不接电源、不接晶振也能正常工作,这跟实际有很大出入。

②Multisim。这个软件很适合仿真模拟电路,它界面简单,适合初学者使用。Multisim 虽

然有8051单片机的元件库,但是并不适合仿真单片机,仿真速度很慢。Multisim还可以跟Ultiboard配合使用,进行板级仿真(连同PCB一起仿真)。

③LabVIEW。这个软件功能非常强大,可以仿真模拟、数字电路,也可以做上位机(如虚拟仪器等)。

④PSpice。这个软件是Cadence(或者叫SPB开发套件)中的一个软件,一般是在Capture中调出来的。使用Capture就可以不用输入SPICE的点命令,非常方便。另外,PSpice的图表要比Multisim的好看一些,比如测几个节点的电压,在PSpice中一张图就表现得很清晰了。

⑤ADS。这个ADS是指Agilent公司的Advanced Design System,而不是指ARM编译器ADS1.2。ADS的功能非常强大,一般是仿真高频、射频、微波电路用的,当然,也可用于仿真集总参数电路,但是不太适合初学者使用。

⑥Saber。这个软件是专门用于仿真电源电路的。

(2)电路设计软件的使用。

主流的电路设计软件有三个:Altium Designer、PADS、Cadence SPB。当然还有些小众设计软件,如Eagle。这里只介绍三款主流软件。

Altium Designer(简称AD)以前的版本是Protel 99SE,Protel DXP,它们的用法大同小异,非常适合初学者使用。AD的3D渲染效果较好,同时是学校里常用的教学软件,可以用它来做FPGA开发,并进行板级仿真。AD适用于设计小规模的PCB。

PADS以前的版本是power PCB,包括三个组件:log IC(原理图)、layout(布局和设置规则)、route(布线)。其中log IC相当不好用,所以有些人配合使用OrCAD来弥补这个缺点。PADS最具特色的功能是使用极坐标放置元件和自动布线。PADS适用于设计中小规模的PCB。

Cadence SPB是个系统级的套件,除了画原理图、PCB之外,还可以画仿真电路、仿真SI/PI等。Cadence公司收购了OrCAD公司,目前画原理图用的是OrCAD Capture,画PCB用的是Allegro,画仿真电路用的是PSpice(从Capture里调出来的),画仿真SI/PI用的是Sigrity(需要另外安装)。Cadence SPB适用于设计中大规模的PCB。

(3)其他软件的使用。

其他软件有画板框用的AutoCAD、画3D封装的SolidWorks或者Pro/E、用于科学计算的MATLAB。

AutoCAD的基本用法还是比较简单的,对于硬件工程师来说,一般是用它画板框,并保存为DXF格式,再导入PCB设计软件中。DXF文件也是硬件工程师与结构工程师沟通的媒介。

相对于Pro/E来说,SolidWorks更加易学易用。用这两个软件都可以画元器件的3D封装,再把PCB图导出为STP格式的文件,放到SolidWorks当中,这样,不用打板就可以看到整机的效果图了。学3D软件还有个好处,让你更清楚板子安装的情况,如定位孔、插座、接线等的位置,这样设计出来的PCB不容易因为结构问题而无法安装,这是很多硬件工程师容易忽略的地方。

可以利用MATLAB进行各种计算。简单的计算,如计算电阻分压、滤波器的截止频率等,复杂一点的计算,如定向耦合器的参数计算、复杂运放电路的建模等,用MATLAB都可以轻松解决。

3. 进阶中级实践篇

(1)基本电路单元的计算、仿真与验证。

诚然,不管一块电路板有多复杂,都可以按照功能划分为若干个模块,而这些模块还可以划分为众多的电路单元。所以,首先要掌握最基本的电路单元的设计。这些电路单元,都可以在数电、模电、高频电子线路、单片机、电子测量技术等课程中学到,应搞懂课本上经典电路的计算、仿真与验证。不要以为书上的公式看起来简单,实际操作起来又是另一回事。比如,书上的反相放大电路是双电源的,用单电源就要加偏置,还得考虑增益带宽积、摆率等。这里主张先计算、再仿真、后实物的操作流程,同时,这需要一个长期积累的过程。

(2)掌握单片机。电子信息类专业的同学会在大二下学期系统地学习单片机的相关知识。

(3)芯片的使用与互连。

这里必须提到的一点是,专业英语不好,将导致无法阅读 datasheet,甚至无法做电路设计。因为你总会用到一块陌生的芯片,总会遇到没有中文资料的情况。基本上,能看懂 datasheet,就能学会使用芯片。

芯片互连技术就是芯片接口技术,学单片机时也会讲到。5V 的 ADC 跟 3.3V 的单片机互连,需要看电平和信号的传输速率。3.3V 单片机跟 12V 开启电压的 MOS 管互连,加个三极管,做电平转换就可以了。两块 3.3V 单片机的推挽输出 I/O 口互连,应串个 100R 电阻,防止因操作不当而烧坏 I/O 口。

此外,还要掌握常用的总线协议,比如 RS232、RS485、SPI、IIC、CAN、LIN、Zmodem、USB、PCIE、TCP/IP 等。

4. 高级实践篇

硬件设计时,要考虑 SI、PI、EMC、EMI 等因素。

(1)SI,信号完整性。这部分的内容对 PCB 的布局、布线影响较大。

①使用阻抗匹配减弱过冲、下冲、振铃的影响(某些射频电路也对阻抗有要求,如天线等)。

②差分线应该尽量靠近,以减少差模干扰。

③去耦电容要尽量靠近芯片的电源管脚。

④继电器等大功率器件应该远离晶振等容易被干扰的元件。

⑤对重要的信号线进行包地处理。

⑥尽量远离时钟线(时钟也可能成为干扰源)。

⑦信号线的返回路径应该尽量短。

信号完整性要注意的地方还是挺多的,具体可以参考王剑宇的《高速电路设计实践》。

(2)PI,电源完整性。保证电源的完整性,就是防止出现电源电压波动。

(3)EMC/EMI,电磁兼容性和电磁干扰。主要研究的是设备产生的电磁波既不对其他设备造成干扰,同时也不受其他设备影响的问题。推荐阅读《Cadence 高速电路设计:Allegro Sigrity SI/PI/EMI 设计指南》。

5. 总结

(1)前期的学习必须以理论为核心,结合少量的实践以帮助理解理论知识,后面可以逐渐增加实践。理论和实践是相辅相成,缺一不可的。

(2)当硬件电路出了问题时,工程师的每一步操作都应以理论知识作为指导。

(3) 千万不要因为害怕出错而不敢动手。硬件工程师都是在不断的犯错、改正、总结中慢慢成熟起来的。如果不动手操作,就意味着无法积累经验。

(4) 大多数的电路功能都依靠芯片来实现,所以硬件工程师最具含金量的技能是 PCB 设计和调试能力。

(5) 硬件工程师常常需要和软件工程师进行交流,所以,为了方便交流,还需要学习 ARM、FPGA、DSP 等相关知识。

2.5.3 如何学习硬件设计——技能篇

在成为硬件工程师的道路上,相关证书的获得能说明我们对技能的掌握程度。下面介绍与硬件设计相关的考级考证方向以及方法。

1. 全国计算机等级考试二级 C 语言程序设计

考试参考书籍:《全国计算机等级考试二级教程——公共基础知识》《全国计算机等级考试二级教程——C 语言程序设计》。这两本书都是由教育部考试中心编写,高等教育出版社出版的,是考试指定教材。还可参阅《全国计算机等级考试上机考试习题集:二级 C 语言程序设计》。

如果要在 C 语言上下功夫的话,还可以学习《C Primer Plus 中文版(第 5 版)》这本书。

2. 全国计算机等级考试三级网络技术

考试参考书籍:《全国计算机等级考试三级教程——网络技术》。

考试题型主要分三大类:选择题、综合题和应用题。考试基本要求如下:①了解大型网络系统规划、管理方法;②具备中小型网络系统规划、设计的基本能力;③掌握中小型网络系统组建、设备配置调试的基本技术;④掌握企事业单位中小型网络系统现场维护与管理基本技术;⑤了解网络技术的发展。

3. 通信专业技术人员职业水平考试

通信专业技术人员职业水平考试是由国家人力资源和社会保障部、工业和信息化部领导下的国家级考试。根据原人事部、信息产业部文件,通信专业技术人员职业水平评价,纳入全国专业技术人员职业资格证书制度统一规划,分初级、中级和高级三个级别层次。其中,初级职业水平考试不分专业,中级职业水平考试分为交换技术、传输与接入、终端与业务、互联网技术、设备环境 5 个专业。初级、中级职业水平采用考试的方式评价;高级职业水平实行考试与评审相结合的方式评价。通信专业技术人员初级、中级职业水平考试在全国实施后,各地区、各部门不再进行通信工程相应专业和级别任职资格的评审工作。因此,这种考试既是职业资格考试,又是职称资格考试。参加通信专业初级、中级职业水平考试合格人员,由各省、自治区、直辖市人力资源和社会保障局颁发人力资源和社会保障部统一印制,人力资源和社会保障部、工业和信息化部共同用印的《中华人民共和国通信专业技术人员职业水平证书》,该证书在全国范围有效。

注意:每次考试个人只允许报考一种级别的一个专业。

4. 思科认证

思科认证是由网络领域著名的厂商——思科公司推出的,是互联网领域的国际权威认证。

(1) CCNA(思科认证网络支持工程师):思科售后工程师认证体系的入门认证,也是思科认证体系中基础级别的技术认证。通过 CCNA,可证明你已掌握网络的常用知识,并能初步安装、配置和操作思科路由器、交换机及简单的 LAN 和 WAN。

(2) CCNP(思科认证网络高级工程师):通过 CCNP,表示你具有丰富的实用网络知识。获得 CCNP 认证的专业人员可以认为具有企业网络、电信运营商大型网络的安装、配置、设计和排错能力,同时掌握网络流量优化技术。

(3) CCNA、CCNP 证书的有效期为三年,三年之后需要参加再认证考试。

全英文命题。考试题型:选择题、拖图题、实验题。

5. 华为认证

华为认证是华为技术有限公司(简称华为)凭借多年信息通信技术人才培养经验,以及对行业发展的理解,基于 ICT 产业链人才个人职业发展生命周期,以层次化的职业技术认证为指引,搭载华为"云一管一端"融合技术,推出的覆盖 IP、IT、CT 以及 ICT 融合技术领域的认证体系,是唯一的 ICT 全技术领域认证体系。

(1) HCNA(华为认证网络工程师):类似于 CCNA。

(2) HCNP(华为认证网络资深工程师):类似于 CCNP。

(3) HCNA、HCNP 证书的有效期为三年,三年之后需要参加再认证考试。

(4) 考试时间一般为一个小时。根据考试科目,试题数量不等,一般为 50~70 题。题型为单选题、多选题、判断题。

本章概略介绍了与硬件相关的一些内容,同学们若想从事与硬件相关的工作,除了需要在后续学习过程中掌握过硬的基本理论知识,熟练掌握硬件原理图设计技术、PCB 图设计方法、硬件调试技巧之外,还要具备快速学习能力、通信协议和标准的理解能力、电路设计能力、沟通和全局控制的能力、物料选型能力、采购能力等。更加详细的硬件内容可以参考本章最后的参考文献。

参 考 文 献

[1] 杨欣,胡文锦,张延强.实例解读模拟电子技术完全学习与应用[M].北京:电子工业出版社,2013.

[2] 杨建国.你好,放大器(初识篇)[M].北京:科学出版社,2015.

[3] 曹文.硬件电路设计与电子工艺基础[M].2 版.北京:电子工业出版社,2019.

[4] 刘炳海.从零开始学电子电路设计[M].北京:化学工业出版社,2019.

[5] 朱延枫,王春霞,王俊生.电子元器件手工焊接技术[M].2 版.北京:机械工业出版社,2017.

[6] 张校铭.从零开始学电子制作[M].北京:化学工业出版社,2019.

[7] 韩雪涛.电子元器件识别检测与选用一本通[M].北京:电子工业出版社,2017.

[8] 奚大顺.电子技术随笔:一位老电子技术工作者的心得[M].北京:北京航空航天大学出版社,2015.

[9] 李福军,郑晓坤.电子测量仪器与应用[M].2 版.北京:机械工业出版社,2017.

[10] 马洪连,吴振宇.电子系统设计:面向嵌入式硬件电路[M].北京:电子工业出版社,2018.

第 3 章 软 件

3.1 什么是软件

3.1.1 软件释义

软件(software)是一系列按照特定顺序组织的计算机数据和指令的集合。一般来讲,软件被划分为系统软件、应用软件和介于这两者之间的中间件。软件并不只包括可以在计算机上运行的程序,与这些程序相关的文档也是软件的一部分。简单地说,软件就是程序、数据和文档的集合体。

软件主要具有以下特点:

(1)软件是无形的产品,没有物理形态,只能通过运行状况来了解其功能、特性和质量;

(2)软件渗透了大量的脑力劳动,人类的逻辑思维、智能活动和技术水平都是生产软件产品的关键;

(3)软件不会像硬件一样老化和磨损,但需要进行缺陷维护和技术更新;

(4)软件的开发和运行依赖于特定的计算机系统环境,为了减少这种依赖性,在软件开发中提出了软件的可移植性;

(5)软件具有可复用性,软件很容易被复制,从而形成多个副本。

不同的软件一般都有对应的软件授权,软件的用户必须在同意所使用软件的许可证协议的情况下才能够合法地使用软件。另外,特定软件的许可条款也不能够与法律相违背。

依据授权方式的不同,大致可将软件划分为以下几类:

(1)专属软件:此类授权通常不允许用户随意复制、研究、修改或散布该软件,违反此类授权通常要承担相应的法律责任。传统的商业软件会采用此类授权,例如微软公司的 Windows 操作系统和办公软件。专属软件的源码通常被公司视为私有财产而受到严密的保护。

(2)自由软件:此类授权正好与专属软件相反,赋予用户复制、研究、修改和散布该软件的权利,并提供源码供用户自由使用,仅受到少许限制。Linux、Firefox 和 OpenOffice 可作为此类软件的代表。

(3)共享软件:通常可免费取得并使用其试用版,但在功能或使用时间上受到限制。开发者会鼓励用户付费以取得功能完整的商业版本。根据共享软件作者的授权,用户可以从各种渠道免费得到它的副本,也可以自由传播。

(4)免费软件:可免费取得、转载,但并不提供源码,也无法修改。

(5)公共软件:原作者已放弃权利,或著作权过期,或作者已经不可考究的软件。此类软件在使用上无任何限制。

3.1.2 什么是软件设计

软件设计是从软件需求规格说明书出发,根据需求分析阶段确定的功能设计软件系统的整体结构、划分功能模块、确定每个模块的实现算法以及编写具体的代码,最终形成软件的具体设计方案。

1. 软件设计的指导方针

软件设计的基本指导方针如下:

(1)设计应该展现出层次化结构,使得软件各部分之间的控制更明智。

(2)设计应当模块化,即软件应在逻辑上分割为实现特定功能和子功能的部分。

(3)设计应当由清晰且可分离的数据和过程表达构成。

(4)设计应使模块展现独立的功能特性。

(5)设计应使得界面能降低模块之间及模块与外部环境之间的连接复杂性。

(6)设计应源自软件需求分析期间获得的信息所确定的可重复方法的使用。

(7)设计应该导出降低模块和外部环境间复杂连接的接口。

2. 软件的模块化设计

软件设计过程中用以促成模块化设计的四个区域:模块设计、数据设计、体系设计和程序设计。

(1)模块设计(modular design)降低了软件设计的复杂性,使软件便于修改,且使得支持系统不同部分的并行开发实现起来更容易。模块类型提供的操作特性通过结合时间历史、激活机制和控制模式来表现。在程序结构内部,模块可以被分类为:

①顺序(sequential)模块,由应用程序引用和执行,但不能从表观上中断。

②增量(incremental)模块,可被应用程序先行中断,而后再从中断点重新开始。

③并行(parallel)模块,在多处理器环境下可以与其他模块同时执行。

单独的模块更容易开发,因为功能可以被独立划分出来。功能独立性可以使用两个定性的标准来衡量:凝聚性(cohesion)衡量模块功能强度的相关性,耦合性(coupling)衡量模块间相互依赖的相关性。

(2)数据设计(data design)是最重要的设计行为,数据结构和程序的复杂性导致数据设计对软件质量有着深远的影响。这种质量由以下的原理来付诸实施:

①适用于功能和行为分析的系统分析原理同样适用于数据。

②所有的数据结构以及各自完成的操作都应该被确定。

③创建数据词典并用来详细说明数据和程序的设计。

④底层的数据设计决定应该延迟至设计过程的后期。

⑤数据结构的陈述(具体说明)应该只被那些直接使用包含在此结构内的数据的模块所知道。

⑥有用的数据结构和操作库可以在适当的时候使用。

⑦软件设计和编程语言应该支持抽象数据类型的表示和实现。

(3)体系设计(architectural design)的主要目标是开发模块化的程序结构,并表达出模块间的控制相关性。此外,体系设计融合了程序结构与数据结构,以及使数据得以在程序中流动的界面定义,这种方法鼓励设计者关注系统的整体设计而不是系统中单独的组件。

(4)程序设计(procedural design)。在使用自然语言呈现数据、程序结构和详细算法的说明后,再确定程序设计。

3.1.3 软件开发流程

软件开发流程是指软件设计思路和方法的一般过程,包括对软件进行需求分析、软件的算法设计和功能实现、软件总体结构设计和模块设计、编码和调试、程序联调测试以及提交程序等一系列操作,以满足客户需求并且解决客户提出的相关问题。如果有更多的需求,还需要对软件进行维护、升级、报废处理等。

1. 需求分析

系统分析员向用户初步了解需求,然后用相关的工具软件列出待开发的系统的大功能模块,以及每个大功能模块所包含的小功能模块。对于一些需求比较明确的界面,在这一步可以完成少量界面内容的初步定义。经过与用户及软件开发人员的沟通交流,系统分析员进一步深入了解和分析需求,根据自己的经验设计一份功能需求文档,明确整个软件系统框架及功能模块划分。最后,系统分析员要求用户确认需求是否准确。

2. 概要设计

首先,开发人员需要对软件系统进行概要设计,也称为系统设计。概要设计需要对软件系统的整体架构进行考虑,包括系统的基本处理流程、组织结构、模块划分、功能分配、接口设计、运行设计、数据结构设计和出错处理设计等,为软件的详细设计提供基础。

3. 详细设计

在概要设计的基础上,开发人员需要进行软件系统的详细设计。在详细设计中,描述实现具体模块所涉及的主要算法、数据结构、类的层次结构及调用关系,需要说明软件系统各个层次中的每一个程序(每个模块或子程序)的设计考虑,以便进行编码和测试。应当保证软件的需求完全分配给整个软件。详细设计应足够完整、可实现,能够根据详细设计报告进行编码。

4. 编码

在软件编码阶段,开发人员根据"软件系统详细设计报告"中对数据结构、算法分析和模块实现等方面的设计要求,开始具体的程序编写工作,分别实现各模块的功能,从而完成对目标系统的功能、性能、接口、界面等方面的代码设计。在规范化的研发流程中,编码工作在整个项目里一般占据 1/3 的工作时间。所谓磨刀不误砍柴工,设计过程完成得好,编码效率就会得到极大提高。编码时需要注意不同模块之间的进度协调和协作,一个小模块出现问题也可能影响整体进度,让其他程序员被迫停下工作等待,编码时的沟通交流和应急解决方法都相当重要。

5. 测试

测试编写好的软件系统,并交给用户初步体验,用户使用后逐个确认需求功能。软件测试有很多种,按照测试执行方,可以分为内部测试和外部测试;按照测试范围,可以分为模块测试和整体联调;按照测试条件,可以分为正常情况测试和异常情况测试;按照测试的输入范围,可以分为全覆盖测试和抽样测试。总之,测试是软件开发中一个相当重要的步骤,对于大型软件,三个月到一年的外部测试都是正常的,因为永远都会有不可预料的问题出现。完成测试、验收、帮助文档的撰写后,整个项目才算告一段落。日后还要不停地跟踪软件运营状况并持续修补升级,直到该软件被彻底淘汰为止。

6. 软件交付

通过软件测试证明该软件达到要求后,软件开发人员应向用户提交开发的目标安装程序、数据库的数据字典、用户安装手册、用户使用指南、需求报告、设计报告、测试报告等双方合同约定的产物。用户安装手册应详细介绍安装软件对运行环境的要求、安装软件的定义和内容、在客户端和服务器端及中间件的具体安装步骤、安装后的系统配置等。用户使用指南应包括软件各项功能的使用流程、操作步骤、相应业务介绍、特殊提示和注意事项等方面的内容,在需要时还应举例说明。

7. 验收

根据合同约定的内容,对交付产品进行逐项检查,如果满足合同所有要求,由双方共同签字确认,若有未尽事宜,双方友好协商解决。

8. 维护

维护是指在已完成对软件的研制(分析、设计、编码和测试)工作并交付使用以后,对软件产品所进行的一些改进活动。即根据软件运行的情况,对软件进行适当修改,以适应新的要求,并纠正运行中发现的错误,以及编写软件问题报告、软件修改报告。

3.1.4 软件工程师

软件工程师(software engineer)是从事软件开发相关工作的人员的统称。它是一个广义的概念,包括软件设计人员、软件架构人员、软件工程管理人员、程序员等一系列岗位,其工作内容都与软件开发生产相关。软件工程师一般可以分为4个级别,从低至高依次为软件技术员、助理软件工程师、软件工程师、高级软件工程师(有的公司也称为软件架构师)。

1. 职责

软件工程师的主要职责包括:

(1)了解客户的软件设计需求,能够完成软件概要设计和详细设计;

(2)掌握模块接口的分解与划分,熟悉软件对外交互接口及参数;

(3)根据软件项目的具体要求,承担相关模块的开发任务,按照计划完成任务目标;

(4)与市场人员一起完成用户需求调研、需求分析,并以客户需求为导向,不断完善用户体验;

(5)独立完成软件模块的代码编写,并撰写测试用例,根据质量规范要求对各模块进行必要的测试;

(6)与系统软件人员一起完成软件的功能联调,修复软件 bug;

(7)协助软件测试人员完成模块及系统的测试;

(8)在开发及测试过程中完成相关文档的撰写与归档工作,严格按照企业软件管理的规范流程,实现软件版本的溯源。

2. 工作内容

软件工程师的工作内容包括:

(1)指导程序员的代码编写工作,确认编码的正确性与合理性,同时优化代码及软件架构,提升软件品质;

(2)参与软件工程系统的设计、开发、测试、维护与升级的全过程;

(3)协助软件工程管理人员、软件测试人员,保证项目的开发质量;

(4)负责软件工程中主要功能的代码实现;

(5)解决软件工程中的关键问题和技术难题;

(6)协调项目组中各程序员的软件开发工作,并能与其他软件工程师进行协作,同时做好与用户、市场、质量等相关人员的沟通工作;

(7)编写各种各样的软件说明书,如需求说明书、概要说明书、测试说明书等。

3. 岗位要求

企业招聘软件工程师时重点关注项目经验和学习知识的能力,以及能否利用软件工程的相关专业知识来解决实际问题。岗位工作内容不同,对软件工程师的要求也有所不同。下面分别对不同软件研发领域的岗位要求进行说明。

(1).NET方面的软件开发。

①熟悉.NET开发体系,熟悉C#、ASP.NET;

②熟悉SQL、Server、Oracle数据库开发;

③具有相关软件项目开发经验者优先;

④具有企业项目管理经验者优先;

⑤了解企业ERP及财务管理软件(用友、金蝶等)者优先;

⑥善于沟通,能独立撰写软件设计方案;

⑦为人诚实,善于学习,做事认真负责、积极主动,具有敬业精神、团队精神。

(2)JAVA应用程序开发。

①熟练使用Struts 2+Spring+Hibernate;

②掌握jQuery;

③掌握Java;

④熟悉Oracle;

⑤掌握XML Web Service;

⑥掌握OOD、OOP;

⑦具有基本的文档撰写能力。

(3)Web/数据库方面的开发。

①具有相关软件项目开发经验者优先,具有良好的代码编写习惯,熟悉软件开发流程及规范;

②熟练掌握ASP.NET等编程语言,熟悉.NET开发环境,了解.NET Framework,理解并能熟练使用Web Service、O/R Mapping、Remoting、多线程等技术;

③热衷于互联网Web开发,热衷于钻研最新的前沿技术,精通XML、JavaScript、CSS、AJAX等Web前端技术;

④具有熟练的技术文档编写能力,熟练使用Rational Rose、PowerDesigner、Visio等建模和设计软件,具有一定的软件架构设计能力;

⑤精通SQL Server数据库技术,了解数据库性能调优者优先。

(4)C#项目开发。

①具有计算机专业本科以上学历,具有C#/ASP.NET开发经验者优先,熟练使用SQL数据库,具有项目开发经验者优先;

②具有较强的英语听、说、读、写能力,尤其是听、说能力;
③工作认真细致、踏实努力,具有较好的团队协作精神和沟通能力;
④具有良好的逻辑思维能力,能够承受一定的工作压力,可以按时完成工作且保证质量。
(5)PHP 项目开发。
①能使用 PHP 语言开发互联网应用程序;
②具有网站产品和功能模块的开发与维护能力;
③能与网页设计师协调沟通,编写 JavaScript 和 HTML;
④具有底层 MVC 框架的编写与维护能力。
(6)嵌入式项目开发。
①熟练使用 C/C++语言,具有软件系统移植经验者优先;
②至少熟悉一种操作系统的使用,如 Linux、Windows CE 等;
③对单片机、ARM、DSP、FPGA 等芯片硬件架构及接口有所了解,理解硬件寄存器的操作与编程;
④具有较好的英语读写能力,具有良好的团队协作与沟通能力。

刚毕业的大学生普遍缺乏足够的软件项目经验,而很多企业出于人力成本及项目周期的考虑,通常在岗位需求上偏向于具有工作经验的工程师,但不表示企业不招聘应届毕业生,只是招聘的概率下降,因此应届毕业生在投递简历的时候不要太多顾忌项目经验的要求。此外,随着软件项目规模的不断扩大,很少有一个人能够完成的任务,提升研发团队的协同作战能力是十分重要的,这就要求软件工程师必须具备最基本的团队合作精神与良好的沟通能力,以保证整个项目的进度和质量。

4. 必备知识

(1)操作系统知识。

操作系统知识是软件工程师必须掌握的重要知识,Web 开发领域会使用到 Windows 系列操作系统,大数据和物联网方向一般使用 Linux 系列操作系统,掌握操作系统的体系结构是软件研发的重要基础。涉及操作系统的主要内容包括资源管理、任务调度、并发管理、权限管理、网络管理等内容。

(2)编程语言和算法。

编程语言是软件工程师必备的技能,不同方向的开发需要使用到不同的编程语言,比如 Web 开发可能会使用 PHP、Python、Java 等语言,而大数据可能会使用 Java、R、Scala 等语言,物联网/嵌入式开发可能会用到 C、C++等编程语言。通常来说,软件工程师需要掌握多门编程语言,以应对不同的开发环境。算法是软件工程师的重点知识结构,因为软件研发的根本是数学问题,所以算法的掌握情况往往能够决定软件工程师的成长高度。当然,对于应用级软件工程师来说,也有可能不会接触到太多的算法。

(3)专业领域知识。

不同开发领域的工程师需要具备不同的知识结构,比如大数据软件工程师需要掌握 Hadoop、Spark 平台的使用,而 Web 开发工程师需要掌握前后端开发技术,包括一系列 Web 开发框架的使用等。

3.1.5 相关课程

与硬件工程师不同,软件工程师对基础专业课的要求相对偏低。通信工程专业所开设课程中与之相关的有:高等数学、线性代数、概率论与数理统计、数字电子技术、数字信号处理、通信原理、信息论与编码、单片机原理与应用、嵌入式系统及应用、DSP 原理与应用、C 语言程序设计、面向对象的程序设计。

3.2 软件发展历史与现状

3.2.1 软件发展历史

第一个写软件的人是 Augusta Ada Lovelace,她在 1860 年尝试为 Charles Babbage 的机械式计算机编写软件。尽管最后失败了,但她的名字载入了软件发展的史册。

20 世纪 50 年代,软件伴随着第一台电子计算机的问世诞生了,以写软件为职业的人也开始出现,他们大多是经过训练的数学家和电子工程师。20 世纪 60 年代,美国的大学开始设置计算机专业,教学生编写软件。

在计算机系统发展的初期,硬件通常用来执行某个单一的程序,而这个程序又是为一个特定的目的而编制的。早期通用硬件较为常见,软件的通用性却很有限。大多数软件是由使用该软件的个人或机构研制的,软件往往带有强烈的个人色彩。早期的软件开发也没有什么系统的方法可以遵循,软件设计的过程是在某个人的头脑中完成的,而且,一般来说,除了源代码之外,往往没有软件说明书等规范的文档。

20 世纪 60 年代中期到 70 年代中期是计算机软件系统发展的第二个时期,在这一时期,软件开始作为一种产品被广泛使用,出现了根据别人的需求编写软件的"软件作坊"。这个时期软件开发的方法基本上仍然沿用早期的个体化软件开发方式,但由于软件的数量急剧膨胀,软件需求日趋复杂,维护的难度越来越大,开发成本大幅度上升,因此失败的软件开发项目屡见不鲜。"软件危机"就这样开始了。

"软件危机"使得人们开始对软件及其特性进行更深一步的研究,人们改变了早期对软件的不正确看法。早期那些人们认为优秀的程序常常晦涩难懂,而现在人们普遍认为优秀的程序除了功能正确、性能优良之外,还应该容易看懂、容易使用、容易修改和扩充。

概括来说,软件危机包含两方面问题:一是如何开发软件,以满足不断增长、日趋复杂的实际需求;二是如何有效维护数量不断膨胀的软件产品。

1968 年秋季,NATO(北大西洋公约组织)科学委员会召集了近 50 名一流的编程人员、计算机科学家和工业界巨头,讨论和制定摆脱"软件危机"的对策,并在会议上第一次提出了软件工程(software engineering)这个概念。软件工程是一门研究如何用系统化、规范化、数量化的工程原则和方法进行软件开发和维护的学科。软件工程包括两方面内容:软件开发技术和软件项目管理。软件开发技术包括软件开发方法学、软件工具和软件工程环境;软件项目管理包括软件度量、项目估算、进度控制、人员组织、配置管理、项目计划等。为迎接软件危机的挑战,人们进行了不懈的努力,这些努力大致上是沿着两个方向同时进行的。

一是从管理的角度,希望实现软件开发过程的工程化。这方面最为著名的成果就是大家都很熟悉的瀑布型生命周期模型,它是在20世纪60年代末"软件危机"后出现的第一个生命周期模型,包括"分析 → 设计 → 编码 → 测试 → 维护"等阶段。后来,又有人针对该模型的不足,提出了快速原型、螺旋模型、喷泉模型等,对瀑布模型进行补充。现在,这些模型已经在软件开发的实践中被广泛采用。在软件管理方面的努力,还使人们认识到了文档标准以及开发者之间、开发者与用户之间交流方式的重要性。一些重要文档格式的标准被确定下来,包括变量、符号的命名规则以及原代码的规范样式。

二是对软件开发过程中分析、设计方法的研究。这方面的重要成果是在20世纪70年代风靡一时的结构化开发方法,即面向过程的开发以及结构化的分析、设计和相应的测试方法。

软件工程的目标是研制开发与生产出具有良好质量和费用合算的软件产品。费用合算是指软件开发运行的整个开销能达到用户要求的程度。质量良好是指该软件能满足明确的和隐含的与需求能力有关的特征和特性的总和。软件质量可用六个特性来进行评价,即功能性、可靠性、易使用性、效率、维护性、易移植性。

软件不是纯物化的东西,其中包含着人的因素,因此软件的开发过程中会有很多变动。早期的软件开发仅考虑人的因素,传统的软件工程强调物性规律,现代软件工程则注重最根本的人与物的关系,也就是人和机器(工具、自动化)在不同层次的不断循环发展的关系。

随着软件的发展,面向对象的分析、设计方法(OOA和OOD)的出现使传统的软件开发方法发生了翻天覆地的变化。随之而来的是面向对象建模语言(以UML为代表)、软件复用、基于组件的软件开发等新的方法和领域。与之相应的是从企业管理的角度提出的软件过程管理,即关注软件生存周期中所实施的一系列活动,并通过过程度量、过程评价和过程改进等涉及对所建立的软件过程及其实例进行不断优化的活动,使得软件开发呈循环往复、螺旋上升式的发展过程。其中最著名的软件过程成熟度模型是美国卡内基梅隆大学软件工程研究所(SEI)建立的CMM(capability maturity model),即能力成熟度模型。此模型在建立和发展之初,主要是为大型软件项目的招投标活动提供一种全面而客观的评审依据,而发展到后来,又被应用于许多软件机构内部的过程改进活动中。

简单概括一下,软件发展的历史可以划分为以下四个阶段:

(1) 无"软件"概念阶段(1946—1955年)。

此阶段尚无软件的概念,程序设计主要围绕硬件进行开发,软件的规模很小,工具简单,开发者和用户之间无明确分工,程序设计追求节省空间和编程技巧,无文档资料(除程序清单外),主要用于科学计算。

(2) "软件作坊"阶段(1956—1970年)。

硬件环境相对稳定,出现了相对专业的"软件作坊"。开始广泛使用软件产品(可购买),从而建立了软件的概念。但程序员编码随意,整个软件看起来杂乱无章。随着软件系统的规模越来越庞大,软件产品的质量越来越差,生产效率越来越低,从而导致了"软件危机"的产生。

(3) 软件工程阶段(1971—1990年)。

强调采用工程化的思想解决软件开发问题,软件工程大体上经历了瀑布式开发、迭代开发和敏捷开发三个阶段。

(4) 面向对象阶段(1991年至今)。

提出了面向对象的概念和方法。面向对象的思想包括面向对象的分析(object oriented

analysis,OOA)、面向对象的设计(object oriented design,OOD)、面向对象的编程实现(object oriented programming,OOP)等。

3.2.2 软件行业发展现状

对于现代电子产业来说,硬件是基础,软件是思想和灵魂。随着我国软件行业的飞速发展,软件开发技术得到了前所未有的进步。软件正在深刻影响着我们生活的每个方面,从过去单纯应用于学术领域迈向了实际化、实用化、普及化,已成为现代社会的一个重要组成部分。比如我们手上拿的手机、包里装的数码相机、乘坐的小汽车、家里用的变频冰箱、医院做检查用的CT机等,这些产品的运行都要依靠大量的软件支撑。由此可见,软件行业已成为现代社会的一个不可缺少的重要产业。

软件工程是一门综合性极强的学科,该学科从无到有,经历了漫长的发展过程。时至今日,软件开发技术已经成为电子/计算机应用领域的核心技术,软件产品的市场需求量逐年增加。在科学技术的推动下,软件行业逐渐走向了智能化、高集成化之路,但是仍然面临诸多的问题。

1. 软件行业竞争压力大

在软件行业当中,小型软件企业占据了主导地位。大部分软件企业的规模相对来说比较小,都存在着或多或少的问题,不能够完全满足市场需求。对于这些小型的软件企业而言,在持续推出新的软件产品时也会因人才紧缺、成本高等问题而面临巨大的竞争压力,从而处于一种劣势地位。因此这些小型的软件企业常常随着社会的发展和时间的推移而逐渐被取代或整合。软件行业需要的是技术,是创新,更重要的是要利用自身条件和优势创造机会。软件行业不断发展,我们需要时刻留意并正确把握时机,同时构建软件需求、研发、设计、质量、服务的一体化平台,只有这样,才能够在变化多端的软件产业中立于不败之地。

2. 软件行业缺乏专业技术人员

随着软件行业的迅猛发展,软件行业更加注重高科技化,软件既要满足客户多个方面的需求,又要满足简单易操作的条件,这就需要专业的技术人员来进行设计。目前我们使用的计算机操作系统就是一个典型的例子,从以前简单的软件系统发展到今天的Windows系统,其中的进步与完善与所有软件开发人员的努力和创新精神是分不开的。而随着软件行业的发展,很多矛盾也随之出现,软件行业缺乏基础性的软件开发人才和高层次的项目总设计师。软件行业从业人员的素质直接影响到一个国家软件行业在国际上的影响力和竞争力,因此,培养专业人才尤其是软件高级人才是促使软件行业快速健康发展必不可少的重要内容。

3. 软件行业的融合

目前在软件行业的发展中,除了能够自身研发软件外,还应做好软件之间的融合、软件和硬件之间的融合、软件与服务之间的融合等。只有把融合问题解决了,才能促进软件行业的进步。就目前我国软件行业的发展趋势来看,软件行业基本没有做到相互融合,还处于互相独立的阶段,这就从根本上制约了软件行业的发展。任何孤立的事物都是不能适应当今社会发展需求的,只有事物之间互相联系、互相融合,才能促进社会的发展。软硬件行业融合得好,市场份额将会倍增;而将软硬件行业割裂,市场份额将会下降。因此,只有解决了软件融合问题、行业融合问题,才能从整体上促进软件行业的发展。

4. 从国内产业来看,应用软件较强,但基础软件开发能力很弱

虽然中国拥有QQ、微信、支付宝等一大批优秀的应用软件,但在操作系统、数据库、中间件等基础软件上,市场份额却微乎其微,这些基础软件市场基本被微软、谷歌、甲骨文、IBM 等公司垄断,看似红火的 ICT 产业和互联网产业,其实是部分建立在国外的基础软硬件之上的。

就开源软件而言,大多数开源系统和工具都是由国外程序员贡献的,例如 Linux、MySQL 等。虽然中国拥有数以百万计的庞大程序员队伍,但在对代码的贡献量方面极其有限。

那么中国数以百万计的程序员到底在做些什么?经粗略统计,编写 Java 的程序员有上百万人,编写 JavaScript 的程序员也有上百万人,编写 QT 的也很多,但 Java 虚拟机、JavaScript 引擎、QT 库却没多少人去做。为什么没人做?因为需要具备很深的技术功底,况且别人都已经写好了,自己拿来用最省事,能更快、更高效地满足客户需求,短期内扩大销售利润。从国情上分析,我国现状还是以经济建设和发展为中心,大部分商业公司在利益驱动下,更热衷于开发各种来钱快的软件,比如手机游戏、场外配资软件、网页游戏、订餐软件等,而对于那些技术门槛高、研发周期长的基础软件缺乏研发动力,尚需国家政策的引导。

根据 CSDN 软件开发行业的大数据调查分析,近年来,国内软件开发群体逐渐呈现出年轻化的特点。从 CSDN 2015 年到 2018 年的调研数据来看,30 岁以下的软件开发者占比一直在 7 成以上,是软件开发领域当之无愧的主力军。但与之相对的,40 岁以上的开发者几乎可以忽略不计。从不同年龄段的职位分布表中也可见一斑,仍有部分 40 岁以上的开发者继续在技术领域深耕,还有大多数向管理岗位转型。除此之外,选择再择业的大龄开发者人也不在少数。

在薪资方面,软件开发者一直是公认的高薪人群。2018 年的中国开发者调查报告显示(下文数据均来自此报告),全国有 48% 以上的软件开发者月均收入过万,其中超 6 成来自一线城市。在一线城市(北京、上海、广州、深圳)中,月薪过万的软件开发者占比为 63%,该比例远高于国内其他城市。对比 2017 年数据也可以发现,在各级城市中,月入过万的软件开发者比例均有所提升。调查结合受教育程度和薪资水平的数据特点还发现,高学历人员占比越高,月薪 2 万元以上的高收入比例越高,硕士研究生及以上学历的开发者薪资水平是专科及以下学历的近 5 倍之多。

在所有的岗位中,架构设计是最受欢迎的香饽饽。通过数据交叉对比分析发现,从事软件架构设计岗位的开发者超 8 成月薪过万,超 4 成的架构师平均月薪超过 2 万元。高薪对应的是开发者在技术上的不断深耕,事实上,超 9 成软件开发者计划在 2019 年通过学习新技术来提升自己的事业,近 5 成开发者愿意参与到开源社区项目中,有 62% 的开发者每周学习时长高达 6 小时以上。

在新技术的学习上,软件开发者最感兴趣的培训方向是人工智能、大数据和云计算——毋庸置疑,这三者将主导近些年的技术潮流,也是培训界的常青树。在编程语言方面,Java、R 和 Javascript 成为软件开发者使用最多的编程语言,这缘于人工智能的持续火爆和深度应用,Python 是软件开发者近期最想学的开发语言,其次是 Java 和 R,占比分别为 35% 和 26%。

近些年,编程语言流行度的变化其实不大,Java 一直是最常用的语言,Java 的 Web 框架已经可以支撑足够大的并发系统,Java 的各种类库、统一的编程模型、丰富的人才储备,也可以满足各种场景的诉求。R 的广泛应用也和数据相关,在数据规模不大的前提下对专业或非开发人员都十分友好。此外,Python 依然是最期望被学习的语言,这和人工智能被高度关注有密切联系。调研数据显示,近八成企业在进行大数据相关的开发和应用,这一比例与 2017 年基本持平,没有太过长足的发展。

在具体应用上,目前 61% 的企业对大数据的应用更多地体现在统计分析、报表及数据可视化上,数据应用场景相对单一。用户画像建模、个性化推荐与精准营销、机器或设备数据实时监控、告警与运维管理次之,分别占34%和32%。

Apache Spark 是一个处理大规模数据的快速通用引擎,可以提升 Hadoop 集群应用在内存和磁盘上的运行速度,还可以为大数据分析和机器学习领域提供更多的能力。在调查中发现,Spark 是使用最普遍的大数据平台组件,使用率达到45%,而 MapReduce 使用率仅为23%。分布式文件系统 HDFS 作为核心组件之一,使用率也达到了38%。企业对大数据平台应用最多的场景是统计分析、报表生成及数据可视化,30%的企业使用 ELK(ElastICSearch + Logstash + Kibana)实时日志分析平台。

2018年的调研数据显示,有86%的企业正在使用云服务,相较2017年略有提升。这也说明了云计算已相当普及,仅有一成企业对云计算平台基本不了解或者无意使用,79%的企业已经利用云平台开发应用或正在开发应用。阿里云继续领跑国内公有云平台市场,以67%的使用率遥遥领先于其他云服务厂商,排在首位,第二位的腾讯云服务使用率仅为24%。

Docker 和 OpenStack 是当前最主要的两种云平台框架,使用占比远远高于其他部署方式。OpenStack 是 IaaS 组件,操作简单,在调研中占比30%,位列第一位。而随着 Docker 技术的不断成熟,以及其在轻量、配置复杂度以及资源利用率方面的明显优势,越来越多的企业也开始考虑通过 Docker 来改进 IT 系统。在本次调研中,基于 Docker 搭建的云平台占比为26%。

尽管云计算已经得到了普遍应用,数据安全仍是企业在云技术开发中所面临的最主要问题。本次调研中,云模式的数据安全(40%)、开发人员对云环境不了解(32%)是企业相对普遍的问题,很多企业对此表示了担忧。企业使用云计算的比例在2017年有一个突升,2018年这个比例继续升高,达到了86%,但是对于云服务厂商来说,在提供了基础的虚拟机、存储和网络服务之后,下一步就应该首先发展负载均衡服务。此外,OpenStack 和 Docker 成为应用最广泛的软件工具,但在调查报告中也看到,K8S 和 Jenkins 同样得到了较高比例用户的使用,将 Docker 与这些工具结合起来,能够发挥更大的作用。

区块链技术在近两年刚刚兴起,27%的开发者有应用或准备应用,66%的开发者尚处于初步了解阶段,7%的开发者完全不了解。但是相比于2017年,这项技术被了解和关注的程度已经有了大幅度提高。

以太坊和比特币是当前两种主流的区块链开发平台,本次调研中,分别占比44%和28%。此外,报告显示 Java 和 Python 是区块链的主流开发语言。在智能合约的开发语言中,Java、Python 和 Go 的应用较多;在核心应用的开发中,Java 使用更为普遍(51%),Python 次之(35%)。

6成以上软件开发者认为金融行业是区块链未来的主要应用方向,但缺少落地的应用和场景、缺少技术资料、缺少开发经验是当前区块链开发的主要挑战。基于此,业界普遍认为金融行业会是未来主要方向(63%)。此外,知识产权管理和商品防伪、智能硬件和物联网也被认为是主流应用方向,分别占42%和41%。事实上,金融作为重度监管的行业,区块链想要撼动这个板块并不容易。相对来说,游戏行业是区块链落地应用当中摩擦最小、效率最高的,当前的另一个缺失就是共享经济,共享经济也是区块链的最佳拍档之一。

2018年是 AI 技术落地元年,算法工程师最为紧缺,目前已有近4成开发者正在尝试使用人工智能技术,发展潜力巨大。但当前人工智能的普及率仍然偏低,本次调研数据显示,已经使用 AI/机器学习/深度学习技术的仅占16%,37%的开发者表示正在尝试使用,只有16%的开发者表示完全没有用过。

在团队规模上,66%的开发者所在团队规模小于 10 人,超过 100 人的仅占 10%。这也意味着,机器学习/深度学习算法工程师极为紧缺。此次调研中,机器学习/深度学习算法工程师、计算机视觉/图像识别/图像处理工程师岗位从业人员较多,分别占 30% 和 20%。当前最急缺的岗位是机器学习/深度学习算法工程师(58%),以及数据科学家/数据分析师/数据挖掘工程师(44%)。

TensorFlow 是人工智能领域的主流机器学习框架,TensorFlow 使用普及率达到 52%,是第二名的两倍之多。此外,线性分类、决策树是开发者使用最多的两种机器学习类型,CNN/IGN 是使用最多的神经网络模型,占比 74%。

在行业应用上,制造、金融行业是与 AI 技术结合最多的行业。AI 技术的落地实践是一个漫长的过程,在调研中我们可以看到,AI 的应用还有很大的发展空间,而如何帮助企业寻找到其业务痛点,寻找落地场景,进而利用 AI 技术帮助其进行提升和改进甚至业务重塑,将是这场变革的关键点。

调研结果显示,近 5 成软件开发者表示现阶段的物联网发展迅速。其中智能家居是物联网最大的应用领域,39% 的开发者公司在用 IOT 开发智能家居业务,其次是智能交通、智能城市,分别占 32% 和 30%。

嵌入式设备开发工程师、机器学习/深度学习算法工程师最为急缺。此次调研中,物联网领域需求最多的岗位是嵌入式设备开发工程师,占 25%,其次是机器学习/深度学习算法工程师,占 13%。

3.2.3 软件未来发展趋势

立足当前看未来,首先我们来看看 2019 年的编程语言排名,这里通过两个主流的排行榜进行分析说明。在 IEEE Spectrum 发布的 2019 年编程语言排行榜上,排名前十的语言分别是 Python、Java、C、C++、R、JavaScript、C♯、Matlab、Swift、Go,见图 3.1。

TIOBE 公布的 2019 年排行榜单更加详尽,分别给出了排名前十的编程语言走势图,还给出了 TOP 50 的大榜单,其中排名前五的编程语言为 Java、C、Python、C++ 和 C♯,见图 3.2。

纵观整个现代社会,软件行业是当今发展最快的行业之一,世界各地都对软件开发人员有着旺盛的需求。软件行业未来的发展趋势是很难预测的,从当前的行业现状进行分析研究,可以发现软件开发有以下五个方面的发展趋势。

(1)需要比专才更多的通才。在数据驱动的世界,我们快速发布各种需求和功能,以了解它们如何为客户增加价值并从结果中学习。面对软件的快速迭代,需要更多的人做好准备,不惧怕使用任何新的或不熟悉的技术来完成任务。这并不意味着不再需要专家,只是对软件开发的通才需求会更大。

(2)更看重团队合作。将来的软件研发工作中,会更重视开发人员的协作技能,个人的资历反而显得没那么重要。随着软件系统的规模不断膨胀,具有团队协作能力和团队精神的人在项目开发中发挥着越来越重要的作用,而过于优秀、很难融入团队的人很可能成为阻碍项目成功的绊脚石。合作技能必不可少的原因是如果不能够表达自己的想法和得到他人的支持,将无法推动开发工作快速前进,而速度是研发革新的关键。

(3)拥有全球化思维。未来的软件开发需要拥有全球化思维。首先,就我们为客户构建的

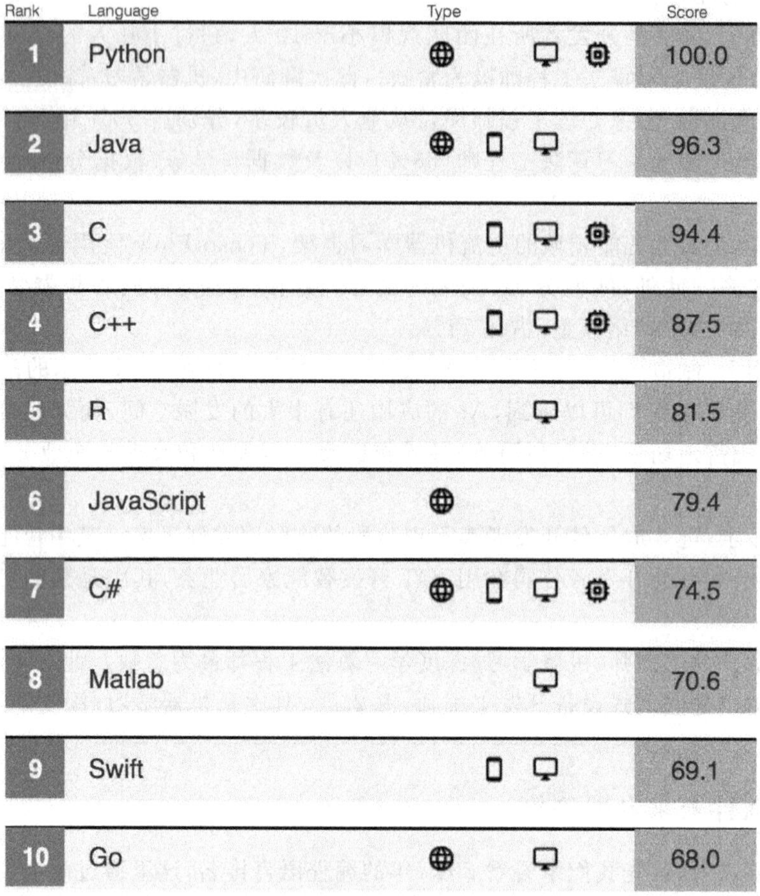

Rank	Language	Type	Score
1	Python	🌐 🖥 ⚙	100.0
2	Java	🌐 📱 🖥	96.3
3	C	📱 🖥 ⚙	94.4
4	C++	📱 🖥 ⚙	87.5
5	R	🖥	81.5
6	JavaScript	🌐	79.4
7	C#	🌐 📱 🖥 ⚙	74.5
8	Matlab	🖥	70.6
9	Swift	📱 🖥	69.1
10	Go	🌐 🖥	68.0

图 3.1　IEEE Spectrum 2019 年编程语言排名

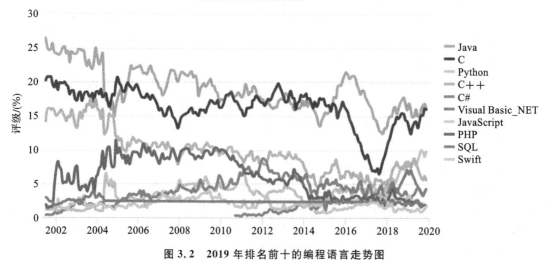

图 3.2　2019 年排名前十的编程语言走势图

产品而言，需要判断它是否适用于不同地区、不同语言、不同设备和不同的互联网速度。其次，未来的软件开发工作将是全球性的、无国界的，许多人可能会在多个地点一起工作，有时甚至是远程工作。而拥有全球化的思维模式使我们可以和没有见过面的、拥有不同文化背景的人一起工作，开放和包容的多元化思维变得至关重要。

（4）网格而不是线性的职业发展。现在的职业发展基本上是线性的，一个人将沿着传统职业阶梯向上爬——从初级角色、中级角色到高级角色，之后成为经理，然后可能成为高级管理人员，直至退休。但是，将来软件行业的职业发展会完全不同，将是网格化的。人们在整个职业生涯中移动的方向可能是横向的，也可能是纵向的，甚至是全方位的发展。更多的工作场所具有扁平化的组织结构，这意味着需要更灵活的工作方式和较强的适应性，始终在学习中成长，以便在未来的工作中游刃有余。

（5）要求软件开发人员具有创造力，而不是任务执行者。今天，如果不用监督就能努力工作并按时完成任务，你会被认为是高绩效的。将来不再是这样，随着时间的推移，这将变得越来越明显。愿意冒险并提出创造性解决方案的自我驱动者将比没有犯错但只是执行别人解决方案的任务实施者更有价值。拥有创业精神将成为一种常态而不是新鲜事物，组织将鼓励员工发展这种特质。为什么？因为人工智能的到来，使得机器人能比人类更好、更准确和快速地完成重复性的任务，但它们永远不会像人类那样具有创新性。

3.3 核心概念

根据设计的方式和应用平台不同，软件设计可以划分为面向过程的软件设计、面向对象的软件设计和硬件描述语言设计。还有的编程语言具有面向过程和面向对象的混合属性，如C++、PHP等。

3.3.1 面向过程

面向过程（procedure oriented）是一种以过程为中心的编程思想，是以什么正在发生为主要目标进行编程，不同于面向对象的是谁在受影响。典型的面向过程的编程语言有C语言和Fortran语言，先分析出解决问题所需要的步骤，然后用函数把这些步骤一步一步实现，使用的时候再一个一个依次调用就可以了。

面向过程是最为实际的一种思考方式，即使是面向对象的方法也或多或少地包含有面向过程的思想。面向过程可以说是一种基础的方法，它与实际事情的发生有着紧密关联。面向过程最重要的是模块化的编程思想与编程方法，当程序规模不是很大时，面向过程的方法会体现出较大的优势。因为程序的流程很清楚，根据模块函数的设计方法就可以很好地进行代码组织及撰写。

可以用学生早晨上学这件事来说明面向过程的概念，通过粗略的分析，可以将"过程"分解为：①起床；②穿衣；③洗脸刷牙；④吃饭；⑤去学校。这5个步骤是按顺序进行的，只需要一个一个地实现就行了。而如果采用的是面向对象的方法，可能就只抽象出一个学生的类，它包括这5个步骤，但不一定按照原来的顺序实现。

面向过程的概念最早是由E. W. Dijikstra在1965年提出的，是软件发展史上的一个重要里程碑,其主要观点是采用自顶向下、逐步实现的程序设计方法。任何面向过程的程序都可以由顺序、选择、循环三种基本的控制结构构造。

面向过程的主要特点包括：

(1)每一条语句的书写格式都受到严格的语法结构的约束。

(2)与计算机硬件结构无关。面向过程语言的设计目标有两个：一是能够使用语句描述完成运算过程的步骤和运算过程涉及的原始数据的过程得到简化；二是使得用面向过程语言编写的程序具有普适性,能够转换成不同的机器语言程序。因此,面向过程语言是与计算机硬件无关的。

(3)语句接近自然表达式。机器语言程序之所以极其复杂和晦涩难懂,一是因为用二进制数表示机器指令操作码和存放操作数的存储单元地址,二是因为每一条机器指令只能执行简单运算。面向过程语言要达到简化程序设计过程的目的,就需要做到以下两点：一是语句格式尽量接近自然语言的格式,二是能够用一条语句描述完成自然表达式运算的步骤。因此,语句格式和描述运算过程步骤的方法与自然表达式接近是面向过程语言的一大特色。

(4)提供大量函数。为了做到与计算机硬件无关,通过提供输入输出函数实现输入输出功能。此外,大量复杂的运算过程如三角函数运算等,即使用由四则运算符连接的自然表达式来描述运算过程中的所有步骤,也是极其复杂的,因此,通过提供实现这些复杂运算过程的模块函数,使面向过程语言的程序设计变得相对简单,从而大幅度提高软件开发效率。

(5)适合模块化设计。一个程序可以分解为多个函数,通过函数调用过程,一条函数调用语句可以实现函数所完成的复杂运算过程。这种方法可以将一个复杂问题的解决过程分解为较为简单的几个子问题。

(6)不同硬件结构对应不同的编译器。虽然面向过程语言与计算机硬件结构无关,但将面向过程语言程序转换成机器语言程序的编译器是与计算机硬件有关的。每一种计算机有着独立的用于将面向过程语言程序转换成该计算机对应的机器语言程序的编译器。因此,一种计算机只有具备了将面向过程语言程序转换成对应的机器语言程序的编译器,面向过程语言程序才能在该计算机上运行。同一面向过程语言程序,只要经过不同计算机对应编译器的转换,就可在不同的计算机上运行,这种特性称为程序的可移植性。

(7)面向过程的设计实质是步骤分解与有序组合的编程。面向过程语言中每一条语句的功能虽然比机器指令和汇编指令的功能要强得多,但是无法用一条语句描述完成复杂运算过程所需的全部步骤,仍然需要将完成复杂运算的过程细化为一系列步骤,使得每一个步骤可以用一条语句描述。面向过程的程序设计就是用一系列语句描述问题解决过程中一系列步骤的过程。

3.3.2 面向对象

面向对象(object oriented)是一种不同于面向过程的软件开发方法。面向对象的概念和应用已超越了程序设计和软件开发,扩展到如数据库系统、交互式界面、应用结构、应用平台、分布式系统、网络管理结构、CAD技术、人工智能等领域。面向对象是一种对现实世界理解和抽象的方法,是计算机编程技术发展到一定阶段后的产物。面向对象是相对于面向过程来讲的,是把相关的数据和方法组织为一个整体来看待,从更高的层次来进行系统建模,更贴近事物的自然运行模式。

面向对象是在结构化设计方法出现很多问题的情况下应运而生的。结构化设计方法求解问题的基本策略是从功能的角度审视问题域,它将应用程序看成实现某些特定任务的功能模块,其中子过程是实现某项具体操作的底层功能模块。在每个功能模块中,用数据结构描述待处理数据的组织形式,用算法描述具体的操作过程。然而,面对日趋复杂的应用系统,这种开发思路在以下几个方面逐渐暴露了一些弱点。

1. 审视问题域的视角

结构化设计方法所采用的设计思路不是将客体作为一个整体,而是将依附于客体之上的行为抽取出来,以功能为目标来设计构造应用系统。这种做法导致在进行程序设计的时候,不得不将客体所构成的现实世界映射到由功能模块组成的解空间中,这种变换过程不仅增加了程序设计的复杂程度,而且背离了人们观察问题和解决问题的基本思路。另外,仔细思考后会发现,在任何一个问题域中,客体是稳定的,而行为是不稳定的。例如,不管是国家图书馆,还是学校图书馆、国际图书馆,都含有图书这个客体,但管理图书的方法可能是截然不同的。结构化设计方法将审视问题的视角定位于不稳定的操作之上,并将描述客体的属性和行为分开,使得应用程序的日后维护和扩展相当困难,甚至一个微小的变动都会波及整个系统。面对问题规模的日趋扩大、环境的日趋复杂、需求变化的日趋加快,将利用计算机解决问题的基本方法统一到人类解决问题的习惯方法之上,彻底改变软件设计方法与人类解决问题的常规方式扭曲的现象迫在眉睫,这是提出面向对象的首要原因。

2. 抽象级别

抽象是人类解决问题的法宝,良好的抽象策略可以控制问题的复杂程度,增强系统的通用性和可扩展性。抽象主要包括过程抽象和数据抽象。结构化设计方法应用的是过程抽象。所谓过程抽象,是将问题域中具有明确功能定义的操作抽取出来,并将其作为一个实体看待。这种抽象级别对于软件系统结构的设计显得有些武断,并且稳定性差,导致很难准确无误地设计出系统的每一个操作环节。一旦某个客体属性的表示方式发生了变化,就有可能牵扯到已有系统的很多部分。而数据抽象是更高级别的抽象方式,它将描述客体的属性和行为绑定在一起,实现统一的抽象,从而达到对现实世界客体的真正模拟。

3. 封装体

封装是指将现实世界中存在的某个客体的属性与行为绑定在一起,并放置在一个逻辑单元内。该逻辑单元负责将所描述的属性隐藏起来,外界对客体内部属性的所有访问只能通过封装体提供的用户接口实现。这样做既可以实现对客体属性的保护作用,又可以提高软件系统的可维护性。只要用户接口不改变,任何封装体内部的改变都不会对软件系统的其他部分造成影响。结构化设计方法没有做到客体的整体封装,只是封装了各个功能模块,而每个功能模块可以随意地对没有保护能力的客体属性实施操作。另外,由于描述属性的数据与行为被分割开来,因此一旦某个客体属性的表达方式发生了变化,或某个行为效果发生了改变,就有可能对整个系统产生影响。

4. 可重用性

可重用性标识着软件产品的可复用能力,是衡量一个软件产品成功与否的重要标志。当今的软件开发行业,人们追求开发更多的、更具通用性的可重用构件,从而使软件开发过程得到改善,即从过去的语句级编写发展到现在的构件组装,从而提高软件开发效率,推动应用领域迅速扩展。然而,结构化程序设计方法的基本单位是模块,每个模块只实现特定功能的过程描述,因此,它的可重用单位只能是模块。例如,在C语言程序中使用大量的标准函数。但对于今天的软件开发来说,这样的重用粒度显得微不足道,而且当参与操作的某些数据类型发生变化时,就不能够再使用那些函数了。因此,开发更大粒度的可重用构件是如今应用领域对软件开发提出的新需求。

对象是指具体的某一个事物,即在现实生活中能够看得见摸得着的事物。在面向对象程序设计中,对象指的是计算机系统中的某一个成分,一般包含两个含义,其中一个是数据,另外一个是动作。也就是说,对象是数据和动作的结合体。对象不仅能够进行操作,同时能够及时记录下操作结果。

方法是指对象能够进行的操作,方法还有另外一个名称,即函数。方法是类中的定义函数,其具体的作用就是对对象进行描述操作。

简单地说,继承就是一种层次模型,这种层次模型能够被重用。层次模型的上层结构具有通用性,下层结构则具有特殊性。在继承的过程中,类可以从最顶层的部分继承一些方法和变量。类除了可以继承这些方法和变量以外,还能够对这些方法和变量进行修改或者添加,通过这样的方式能够有效提高工作效率。在这里举一个例子,当类X继承了类Y后,此时的类X是一个派生类,而类Y属于基类。继承是从一般演绎到特殊的过程,可以减少知识表示的冗余内容,知识库的维护和修正都非常方便,有利于衍生复杂的系统。

类是具有相同特性(数据元素)和行为(功能)的对象的抽象。因此,对象的抽象是类,类的具体化就是对象,也可以说类的实例是对象。类具有属性,它是对象状态的抽象,用数据结构来描述类的属性。类具有操作,它是对象行为的抽象,用操作名和实现该操作的方法来描述。类映射的每一个对象都具有数据和操作方法,类的继承具有层次性和结构性,高层次对象封装复杂行为,具体细节对该层次的知识保持透明,可以减小问题求解的复杂度。

封装是将数据和代码捆绑到一起,对象的某些数据和代码可以是私有的,不能被外界访问,以此实现对数据和代码不同级别的访问权限,防止了由程序相互依赖性带来的变动影响。面向对象的封装比传统语言的封装更为清晰、更为有力,同时有效地实现了两个目标——对数据行为的包装和信息隐藏。

多态是指不同事物具有不同表现形式的能力。多态机制使具有不同内部结构的对象可以共享相同的外部接口,通过这种方式减少代码的复杂度。一个接口可以对应多种方式。

绑定指的是将一个过程调用与相应代码链接起来的行为。动态绑定是指与给定的过程调用相关联的代码,只有在运行期才可知的一种绑定,它是多态实现的具体形式。

任何对象之间都需要相互沟通,沟通的途径就是对象之间收发消息。消息内容包括接收消息的对象的标识、需要调用的函数的标识以及必要的信息。消息传递的概念使得对现实世界的描述更容易。

综上所述,面向对象的方法就是利用抽象、封装等机制,借助于对象、类、继承、消息传递等概念进行软件系统构造的设计开发方法。典型的面向对象语言有C++、Java、C♯、Eiffel、Smalltalk等。

3.3.3 硬件描述语言

硬件描述语言(hardware description language,HDL)是用于电子系统硬件行为描述、结构描述、数据流描述的语言。利用这种语言,数字电路系统的设计中可以从顶层到底层(从抽象到具体)逐层描述自己的设计思想,用一系列分层次的模块来表示极其复杂的数字系统。然后,利用电子设计自动化工具逐层进行仿真验证,再演变为实际电路的模块组合,经过自动综合工具转换到门级电路网表。最后,通过专用集成电路(application specific integrated circuit,ASIC)或现场可编程门阵列(field programmable gate array,FPGA)自动布局布线工具,把网表转换为需要实现的具体电路布线结构。

硬件描述语言发展至今已有数十年的历史,并成功地应用于集成电路设计的各个阶段(建模、仿真、验证和综合等)。到 20 世纪 80 年代,已经出现了上百种硬件描述语言,对设计自动化起到了极大的促进和推动作用。但是,这些语言一般各自面向特定的设计领域和层次,而且众多的语言使用户无所适从。因此,急需一种面向设计的多领域、多层次并得到普遍认同的标准硬件描述语言。20 世纪 80 年代后期,VHDL 和 Verilog HDL 语言适应了这种趋势的要求,先后成为 IEEE 标准。随着系统级 FPGA 以及系统芯片的出现,软硬件协调设计和系统设计变得越来越重要,传统意义上的硬件设计越来越倾向于与系统设计和软件设计相结合。为适应新的发展,出现了很多新的硬件描述语言,如 Superlog、System C、Cynlib 等。

硬件描述语言是对电路系统结构、行为的标准文本描述。硬件描述语言和一些并行编程语言一样存在并行性的表达方式。然而,和大多数用于软件设计的编程语言不同,硬件描述语言可以描述硬件系统在不同时间的时序行为,而时序性正是硬件电路的重要性质之一。在计算机辅助设计中,用于描述电路模块中连线、各层次模块之间互连的硬件描述语言代码被称为"网表"。硬件描述语言可以在结构级(或称逻辑门级)、行为级、寄存器传输级这几种不同的层次上对电路进行描述,实现同一功能的硬件描述语言也可以使用任一层次的硬件描述语言代码来描述。通过逻辑综合,后两种层次的硬件描述语言代码可以被转换到低抽象级别的门级描述,但是采用不同厂商的工具或使用不同的综合设置策略可能会产生不同的结果。

在实现具体的硬件电路之前,设计人员可以利用硬件描述语言来进行仿真。在硬件实现过程中,硬件描述语言的源文件通常会被转换成一种类似于可执行文件的中间文件,该文件可以解释硬件描述语言的各种代码、语句的语义。因此,硬件描述语言具有类似软件编程语言的一些性质。但是总体来说,它仍然属于规约语言、建模语言的范畴。模拟电路也有自己的硬件描述语言,但和数字电路的差异较大。

可以使用传统的编程语言控制流程的特性来指代硬件的数据流性质,例如包含特定增强类库的 C++(如 System C)即可实现这样的目的。而用于软件设计的编程语言不能对电路的时序性质进行描述,这导致软件编程语言不能替代专用的硬件描述语言。在硬件验证语言——System Verilog 出现之前,人们利用 C++ 和一些逻辑仿真工具协同工作,从而在硬件验证中实现面向对象程序设计的思想。

硬件描述语言的部分子集是可综合的,这意味着可以使用逻辑综合工具通过"阅读"行为级、寄存器传输级的代码,来"推断"这些代码对应的功能,从而给出一个经过优化的电路连线网表。逻辑综合工具(如新思科技的 Design Compiler 或 Cadence 的 RTL Compiler 等)通常会对设计人员定义的逻辑功能进行逻辑化简,这样就可以避免冗杂的逻辑门级网表。含有延迟的硬件描述语言代码通常是不可综合的,也就是说,这部分代码在逻辑综合的过程中会被忽略,但这类代码在硬件验证中的作用更加显著。

通过使用硬件描述语言,集成电路(特别是现代数字电路)的设计效率得以大大提高,大多数设计人员从设计行为目标或高级架构图出发开始设计,电路系统的控制决断结构以流程图、状态图为原型。编写硬件描述语言代码的过程与目标电路的特性以及设计人员的编程风格有关。设计人员经常使用脚本语言(如 Perl、Python)在硬件描述语言中生成重复性的电路结构。随后,硬件描述语言代码进入审核阶段。在进行逻辑综合之前,电子设计自动化软件会进行一系列自动检查,如扫描硬件描述语言代码中存在的语法错误等。自动检查程序会将违背规则的代码呈现在报告中,并指出它们潜在的危害,代码中的硬件逻辑错误也会在此阶段被检查出来。这些审核过程可以尽可能减少代码在综合后引发的错误。

在工业界,硬件描述语言设计一般止于综合的完成。一旦逻辑综合工具将硬件描述语言代码映射到逻辑门级的网表,该网表就会被送到之后的后端工艺产线。根据所使用的不同器件,如现场可编程逻辑门阵列(FPGA)、专用集成电路(ASIC)、门阵列(gate array)、标准单元(standard cell),实际电路的硬件制造过程可能不同,但是硬件描述语言一般并不过多关注后端流程。一般来说,随着设计流程逐渐转向物理实现方式,设计数据库的重心将转向器件制造工艺相关的信息,这些信息通常由硬件厂商提供,设计人员编写的硬件描述语言代码并不需要包含这方面的信息。

3.3.4 软件架构

软件架构指的是一系列相关的抽象模式,可以为设计大型软件系统的各个方面提供相应的指导。从本质上看,软件架构属于一种系统草图。软件架构所描述的对象就是直接构成系统的抽象组件,各个组件之间的连接则比较明确、相对细致地对组件之间存在的通信进行描述。软件架构为软件系统提供了一个结构、行为和属性的高级抽象模式,由构件的描述、构件的相互作用、指导构件集成的模式以及这些模式的约束组成。软件架构不仅显示了软件需求和软件结构之间的对应关系,而且指定了整个软件系统的组织和拓扑结构,提供了一些设计决策的基本原理。

1. 软件架构的类型

按照不同的关注角度,一般可以将软件架构划分为三种类型。

(1)逻辑架构。

逻辑架构是指软件系统中各个元件之间存在的关系,比如外部系统接口、用户界面、商业逻辑元件、数据库等。

(2)物理架构。

物理架构更关注软件元件是如何放到硬件上的,也就是说全部的元件都属于物理设备,主要有主机、整合服务器、应用服务器、代理服务器、存储服务器、报表服务器、Web 服务器、网络分流器等。

(3)系统架构。

软件系统存在强壮性、可扩展性、灵活性、可靠性等非功能性特征。系统架构的设计要求设计人员拥有过硬的软件与硬件知识,这一工作往往属于软件架构工作中最为困难的环节。

通常借助多种架构视图来表示软件架构,并基于本质进行分析。对不同的架构视图形式阐述如下。

①实施视图。主要包含的内容为实施模型及其从模块到包/层的组织形式、实施概览。在这一过程中,还需要对相应逻辑视图中的包与类进行描述。

②逻辑视图。主要涉及最关键的设计类、从这些设计类到包与子系统的组织形式,以及这

些包与子系统到层的组织形式。

③配置视图。主要包括对最典型的配置平台的各种物理节点的描述,以及往物理节点分配任务(来自进程视图)的情况。这一视图往往只存在于分布式系统。

④用例视图。主要涉及场景与用例。

⑤进程视图。主要描述进程与线程涉及的任务、这些任务的配置与交互,以及设计对象与类向任务的分配情况。这一视图往往只在系统具有很高程度的并行过程才使用。

2. 软件架构的作用

软件架构的具体作用包括以下四个方面:

(1)开发新产品过程中软件架构所具备的作用。

第一,促进业务目标的达成。从本质上看,软件架构往往承担着为了完成业务目标而必须开展相应的全局规划的责任。第二,进行技术决策的下接。凭借着把面向业务的相关需求往面向技术方向转化的软件架构设计方案,可以将行之有效的限制与指导提供给后续的技术开发工作。第三,有效地提升新产品的质量。第四,进行相应的新产品开发过程的组织。

(2)开发软件产品过程中软件架构所具备的作用。

第一,将所具备的相应核心知识予以固化;第二,可以提供相应的可重用资产;第三,将产品推出的周期进行有效缩短;第四,使得产品开发与维护的总成本最大限度地降低;第五,有效提升产品的质量;第六,为批量控制提供有效的支持。

(3)维护软件过程中软件架构的作用。

从本质上看,软件维护工作的主要来源是 bug 与需求变更。修复一个 bug 与增加一个新的功能,通常会涉及架构环节的一条模块协作链,针对这样的情况,软件架构应有利于维护工作的开展。反之,如果对架构并不了解,对相应的程序进行盲目修改,将导致整个系统所存在的架构逐渐显得比较混乱,进一步导致软件系统的混乱。

(4)软件升级过程中软件架构的作用。

良好的软件架构是对软件系统实施持续性的修改后还能够重构。软件架构重构主要有两种状况:第一种状况是特别混乱的架构,从而导致实施一个比较小的改动就会出现牵动全身的局面。第二种状况是即将实施的升级软件存在比较大的变化,之前的软件架构与新的需求根本无法适应。相应的软件架构重构属于再次工程化的一种情况,往往必须实施的步骤包括逆向工程、重新规划、正向工程这三个步骤。

3.4 典型应用

3.4.1 基于单片机的超声波雷达测距系统

超声波的指向性强,能量衰减缓慢,在介质中传播的距离较远,因此它常被用于障碍物距离的测量,如测距仪和物位测量仪等都可以通过超声波来实现。超声波检测往往比较迅速、方便、计算简单、易于实时控制,并且在测量精度方面能达到工业实用的要求,因此在多个领域的研究上都得到了广泛的应用。

基于单片机的超声波雷达测距系统是利用单片嵌入式设备编程产生频率为 40 kHz 的方

波,经过发射驱动电路放大,使超声波传感器发射端震荡,发出超声波。超声波经障碍物反射回来后,由传感器接收端接收,再经过接收电路放大、整形后实现测距功能。当接收到超声波的反射波时,接收电路输出端产生一个电平跳变,通过发射-接收定时器计数,计算出时间差,就可以得出相应的距离。(见图3.3)

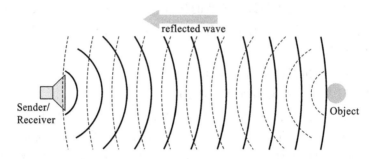

图3.3 超声波测距原理

利用超声波在空气中的传播速度已知的特点,测量超声波发射后遇到障碍物反射回来的时间,根据发射和接收的时间差计算出发射点到障碍物的实际距离。超声波在空气中的传播速度为 $C=340$ m/s,根据计时器记录的时间 T,就可以计算出发射点距障碍物的距离 L,即 $L=C\times T/2$。这就是所谓的时间差测距法。由于超声波也是一种声波,其声速 C 与温度有关,表3.1列出了几种不同温度下的声速。在实际使用时,如果温度变化不大,可认为声速是基本不变的;如果测距精度要求很高,则应通过温度补偿的方法加以校正。

表3.1 超声波声速与温度的关系

温度/℃	−30	−20	−10	0	10	20	30	100
声速/(m/s)	313	319	325	323	338	344	349	386

超声波传感器主要由双压电晶片振子、圆锥共振板和电极等部分构成。两电极间加上一定的电压时,压电晶片就会被压缩而产生机械形变,撤去电压后压电晶片恢复原状。若在两极间按照一定的频率加上电压,则压电晶片也会保持一定的频率振动。小功率超声波探头具有多种不同的结构,可分为直探头(纵波)、斜探头(横波)、表面波探头(表面波)、兰姆波探头(兰姆波)、双探头(一个探头发射,一个探头接收)等。

超声波探头的核心是其塑料或金属外套中的一块压电晶片。构成压电晶片的材料有许多种,晶片的大小(如直径和厚度)也各不相同,因此每个探头的性能是不同的,使用前必须先了解它的性能。超声波探头的主要性能指标如下:

①工作频率。工作频率就是压电晶片的共振频率。当加到超声波探头两端的交流电压的频率和晶片的共振频率相等时,输出的能量最大,灵敏度也最高。

②工作温度。由于压电材料的居里点一般比较高,特别是诊断用超声波探头使用功率较小,因此工作温度比较低,可以长时间工作而不失效。医疗用超声波探头的温度比较高,需要单独的制冷设备。

③灵敏度。灵敏度主要取决于制造晶片本身。机电耦合系数越大,灵敏度越高;反之,灵敏度越低。

图3.4所示为超声波测距一体模块 HC-SR04,该模块性能稳定,测距精度很高,能和国外

的 SRF05、SRF02 等超声波测距模块相媲美。其测距盲区只有 2 cm,最大识别距离为 300 cm。模块的基本工作原理如下:采用 I/O 口控制端触发测距,给出大于 10 μs 的高电平信号;模块自动发送 8 个 40 kHz 的方波,自动检测是否有信号返回;如果有信号返回,通过 I/O 口接收端输出一个高电平,高电平持续的时间就是超声波从发射到返回的时间。因此,测量距离=(高电平时间×声速)/2。(见图 3.5)

图 3.4　超声波测距一体模块 HC-SR04

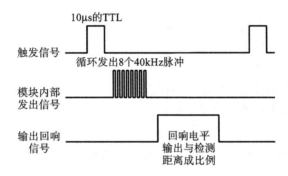

图 3.5　超声波测距模块的时序图

超声波传感器原理简单,应用起来很方便,成本也很低。但是目前的超声波传感器也有一些缺点,比如反射问题、噪声、交叉问题等。

(1)反射问题:如果被探测物体始终处于合适的位置,那超声波传感器将会获得正确的角度。但不幸的是,在实际使用中,很少有被探测物体能被正确检测到。其中可能出现几种误差:

①三角误差:当被测物体与传感器成一定角度的时候,所探测的距离和实际距离存在三角误差。

②镜面反射:在特定的角度下,发出的声波被光滑的物体表面反射出去,因此无法产生回波,也就无法产生距离读数。这时超声波传感器会忽视这个物体的存在。

③多次反射:这种现象在探测墙角或者类似结构的物体时比较常见。声波经过多次反射才被传感器接收到,因此探测值并不是真实的距离值。

以上这些问题可以通过使用多个按照一定角度排列的超声波探头来解决。通过探测多个超声波的返回值,筛选出正确的读数。

(2)噪声:多数超声波传感器的工作频率为 40～45 kHz,远远高于人类能够听到的频率。而周围环境也会产生类似频率的噪声,比如,电机在转动过程中产生的高频信号、轮子在比较硬的地面上摩擦所产生的高频噪声、机器人本身的抖动等。甚至当存在多个机器人的时候,其他机器人的超声波传感器发出的声波也会引起传感器接收到错误的信号。这个问题可以通过对发射的超声波进行编码来解决,比如发射一组长短不同的超声波,只有当探测头检测到相同组合的超声波的时候,才进行距离计算。这样可以有效避免由环境噪声所引起的误读。

(3)交叉问题:当多个超声波传感器按照一定角度被安装在机器人上的时候,会引起交叉问题。超声波发生装置 X 发出的声波,经过镜面反射,被传感器 Z 和 Y 获得,这时 Z 和 Y 会根据这个信号来计算距离,从而无法获得正确的测量值。解决的方法仍然是对每个传感器发出的信号进行编码,让每个超声波传感器只能探测自己发出的声波。

3.4.2 基于 Java 的聊天室设计

项目目标:实现基于 C/S 模式的聊天室程序,聊天室分为服务器端和客户端两部分。

1. 服务器端功能

(1)提供多线程的聊天服务处理。

(2)在服务器端屏幕上提示客户端进入信息,显示客户端聊天内容。

(3)当某客户端输入字符"quit"时断开该客户端的连接。

2. 客户端功能

(1)可以配置连接服务器的 IP 地址和端口号。

(2)配置用户昵称后连接。

(3)可以向所有人发送消息。

(4)显示本聊天室中的该用户登录后的所有信息。

(5)显示该用户登录之后的用户登录信息。

3. 服务器端界面

服务器端界面需要有一个文本区域,显示用户登录信息及全部在线用户发送的消息,如图3.6 所示。

4. 客户端界面

客户端界面(见图 3.7)包括以下部分:

(1)服务器 IP 设置。

(2)服务器端口设置。

(3)用户名设置。

(4)聊天记录显示。

(5)与服务器连接的按钮。

(6)消息发送。

5. 服务器端代码

```
package Chat;
import java.awt.*;
import java.awt.event.WindowEvent;
import java.awt.event.WindowListener;
import java.io.BufferedReader;
import java.io.IOException;
```

图 3.6　服务器端文本区域

图 3.7　客户端界面

import java.io.InputStreamReader;
import java.io.PrintStream;
import java.net.ServerSocket;
import java.net.Socket;
import java.util.Enumeration;

```java
import java.util.Hashtable;
public class CServer extends Frame{
    TextArea textArea=new TextArea(20, 50);  //显示用户登录信息及全部在线用户所发送的信息
    Socket socket=null;
    Socket socket1=null;
    Hashtable hashtable=new Hashtable();
    //客户端不传参数时服务器窗口标题为空
    public CServer() throws HeadlessException {
        super();
        init();
    }
    //客户端传入参数作为服务器窗口标题
    public CServer(String string) throws HeadlessException {
        super(string);
        init();
    }
    //向所有在服务器中的客户端进行广播
    public void broadCast(String str, Socket self) {
        // TODO Auto-generated method stub
        Enumeration enumeration=hashtable.keys();
        System.out.println("本聊天室共有"+hashtable.size()+"人");
        PrintStream printStream=null;
        textArea.append(str);
        while (enumeration.hasMoreElements()) {
            String s= (String)enumeration.nextElement();
            socket1= (Socket)hashtable.get(s);
            if (socket1 ! =self) {
                try {
                    printStream=new PrintStream(socket1.getOutputStream());
                    printStream.println(str);
                } catch (IOException e) {
                    // TODO: handle exception
                    e.printStackTrace();
                }
            }
        }
    }
    //窗口初始化方法
    public void init() {
        //textArea.setEditable(false);
        this.add(textArea);
        this.pack();
        this.addWindowListener(new WindowListener() {
```

```java
            @Override
            public void windowOpened(WindowEvent arg0) {
                // TODO Auto-generated method stub
            }
            @Override
            public void windowIconified(WindowEvent arg0) {
                // TODO Auto-generated method stub
            }
            @Override
            public void windowDeIconified(WindowEvent arg0) {
                // TODO Auto-generated method stub
            }
            @Override
            public void windowDeactivated(WindowEvent arg0) {
                // TODO Auto-generated method stub
            }
            @Override
            public void windowClosing(WindowEvent arg0) {
                // TODO Auto-generated method stub
                System.exit(-1);
            }
            @Override
            public void windowClosed(WindowEvent arg0) {
                // TODO Auto-generated method stub
            }
            @Override
            public void windowActivated(WindowEvent arg0) {
                // TODO Auto-generated method stub
            }
        });
        this.setVisible(true);
        startServer();
    }
    //启动服务
    public void startServer() {
        // TODO Auto-generated method stub
        try {
            ServerSocket serverSocket = new ServerSocket(3333);
            //启动服务,一直等待客户端请求
            while (true) {
                socket=serverSocket.accept();
                //接受客户端请求之后,产生 socket 对象,交给多线程聊天服务处理
                Service ser=new Service(socket);
```

```java
            new Thread(ser).start();
        }
    } catch (IOException e) {
        // TODO: handle exception
        e.printStackTrace();
    }
}
//定义内部类
class Service implements Runnable {
    Socket socket=null;
    String name;
    public Service(Socket socket) {
        // TODO Auto-generated constructor stub
        this.socket=socket;
        try {
            BufferedReader b1 = new BufferedReader(new InputStreamReader(socket.getInputStream()));
            name=b1.readLine();
            hashtable.put(name, socket);
        } catch (IOException e) {
            // TODO: handle exception
            e.printStackTrace();
        }
    }
    public Service() {
        // TODO Auto-generated constructor stub
    }
    @Override
    public void run() {
        // TODO Auto-generated method stub
        BufferedReader br = null;
        try {
            br = new BufferedReader(new InputStreamReader(socket.getInputStream()));   //得到输入流,可以得到客户端输出流
            boradCast(name+ "进入聊天室\n", socket);
            //保证不断地从客户端获得输入流,并输出到屏幕上
            while (true) {
                String str ="";
                System.out.println("服务器"+ socket.isClosed());
                if ((str=br.readLine()) !=null) {
                    boradCast(name+"说:"+ str+"\n", socket);
                }
                //退出
```

```
                    if ("quit".equals(str)) {
                        hashtable.remove(name);
                        break;
                    }
                }
                br.close();
                socket.close();
                textArea.append("关闭连接"+name);
            } catch (IOException e) {
                // TODO Auto-generated catch block
                e.printStackTrace();
            }
        }
    }
    public static void main(String[] args) {
        CServer cServer=new CServer("服务器");
    }
}
```

6. 客户端代码

```
package Chat;
import java.awt.BorderLayout;
import java.awt.Button;
import java.awt.HeadlessException;
import java.awt.Label;
import java.awt.Panel;
import java.awt.TextArea;
import java.awt.TextField;
import java.awt.Window;
import java.awt.event.ActionEvent;
import java.awt.event.ActionListener;
import java.awt.event.WindowAdapter;
import java.awt.event.WindowEvent;
import java.io.BufferedReader;
import java.io.IOException;
import java.io.InputStreamReader;
import java.io.PrintStream;
import java.net.Socket;
import java.net.UnknownHostException;
import javax.swing.JFrame;
public class CClient extends JFrame{
    TextArea textArea=new TextArea(18, 50);
    TextField textField=new TextField(40);
```

```java
TextField nickname=new TextField(20);
TextField address=new TextField("localhost", 10);
TextField port=new TextField("3333", 5);
Button sendBtn=new Button("发送");
Button connBtn=new Button("连接");
Panel panel1=new Panel();
Panel panel2=new Panel();
Socket socket=null;
PrintStream printStream=null;
public CClient() throws HeadlessException{
    // TODO Auto-generated constructor stub
    super();
    init();
}
public CClient(String string) throws HeadlessException{
    super(string);
    init();
}
public void init() {
    // TODO Auto-generated method stub
    this.add(textArea);
    panel1.add(new Label("地址"));
    panel1.add(address);
    panel1.add(new Label("端口号"));
    panel1.add(port);
    panel1.add(new Label("昵称"));
    panel1.add(nickname);
    panel2.add(connBtn);
    panel2.add(textField);
    panel2.add(sendBtn);
    sendBtn.addActionListener(new MyListener());
    connBtn.addActionListener(new connBtnListener());
    this.add(panel1, BorderLayout.NORTH);
    this.add(panel2, BorderLayout.SOUTH);
    System.out.println(this.getTitle());
    this.pack();
    this.addWindowListener(new WindowAdapter() {
        public void windowClosing(WindowEvent e) {
            PrintStream printStream;
            try {
                printStream = new PrintStream(socket.getOutputStream());
                printStream.println("quit");
            } catch (IOException e2) {
```

```java
                // TODO: handle exception
                e2.printStackTrace();
            }
            close();
            System.exit(-1);
        }
    });
    this.setVisible(true);
    connect();   //连接服务器
}
public void close() {
    if (printStream ! =null) {
        printStream.close();
        try {
            if (socket ! =null) {
                socket.close();
            }
        } catch (IOException e) {
            // TODO: handle exception
            e.printStackTrace();
        }
    }
}
//连接服务器
public void connect() {
    try {
        socket = new Socket(address.getText(), Integer.parseInt(port.getText()));
        this.setTitle(nickname.getText());
    } catch (IOException e) {
        // TODO: handle exception
        e.printStackTrace();
    }
}
public void recive() {
    try {
        BufferedReader br = new BufferedReader(new InputStreamReader(socket.getInputStream()));
        String string ="";
        while ((string=br.readLine()) ! =null) {
            textArea.append(string +"\n");
        }
    } catch (IOException e) {
```

```java
            // TODO: handle exception
            System.exit(-1);
        }
    }
    //发送个人昵称到服务器
    public void sendName() {
        String name=nickname.getText();
        PrintStream printStream;
        try {
            printStream=new PrintStream(socket.getOutputStream());
            printStream.println(name);
        } catch (IOException e) {
            // TODO: handle exception
            e.printStackTrace();
        }
    }
    class MyListener implements ActionListener {
        @Override
        public void actionPerformed(ActionEvent arg0) {
            // TODO Auto-generated method stub
            try {
                PrintStream printStream=new PrintStream(socket.getOutputStream());
                printStream.println(textField.getText());
                textArea.append("我说:"+textField.getText()+"\n");
                textField.setText("");
            } catch (IOException e) {
                // TODO: handle exception
                e.printStackTrace();
            }
        }
    }
    class connBtnListener implements ActionListener {
        @Override
        public void actionPerformed(ActionEvent arg0) {
            // TODO Auto-generated method stub
            connect();
            sendName();
            Recive r=new Recive();   //监听服务器消息
            new Thread(r).start();;
        }
    }
    class Recive implements Runnable {
        @Override
```

```
    public void run() {
        // TODO Auto-generated method stub
        recive();
        try {
            Thread.sleep(100);
        } catch (InterruptedException e) {
            // TODO: handle exception
            e.printStackTrace();
        }
    }
    public static void main(String[] args) {
        CClient cClient=new CClient("客户端");
    }
}
```

3.4.3 基于硬件描述语言的数字频率计

频率计又称频率计数器，是一种专门对被测信号频率进行测量的数字测量仪器。频率计主要由四个部分构成：时基电路、输入电路、计数显示电路、控制电路。频率是信号周期的倒数，即信号每单位时间完成周期的个数，在实际使用中，一般将一秒作为基本单位时间。频率=$1/T$，T=高电平时间+低电平时间，时间=周期数×周期，占空比=（高电平时间/周期）×100%。这里以 ns 作为时间单位，所以要把 1s 换成 1×10^9 ns，驱动时钟采用 50 MHz，时钟周期为 20 ns。因此，计算如下：

```
freq=1_000_000_000/(low_time*20+high_time*20);
duty_cycle=(high_time*100)/(high_time+low_time);
```

第一步：系统时钟分频至 1 Hz（见图 3.8）。

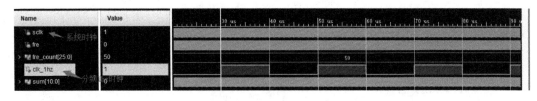

图 3.8 系统时钟分频

第二步：计数锁存（见图 3.9）。
第三步：频率赋值（见图 3.10）。
　　Verilog 实现代码：

```
`timescale 1ns / 1ps
module freCount(
input sclk,
input fre,
```

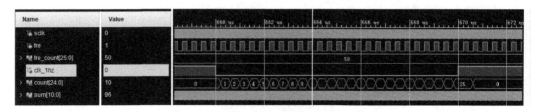

图 3.9　计数锁存

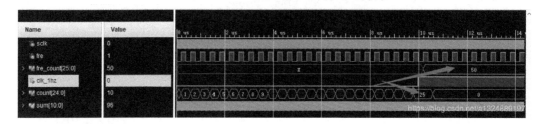

图 3.10　频率赋值

```
output reg [25:0]count_fre
);
reg [26:0]sum;
reg [24:0]count;
reg clk_1;
reg lock_ok;
initial begin
lock_ok<=0;
clk_1<=0;
sum<=0;
count<=0;
end
//get 1Hz
always @ (posedge sclk)
if(sum==100_000_000-1)//100M
    begin
      clk_1<=~ clk_1;
      sum<=0;
    end
else
    sum<=sum+ 1;
always @ (posedge fre)
if(! clk_1)
    begin
      lock_ok<=0;
      count<=count+ 1;
    end
```

```
else if(! lock_ok)    //==lock  &&! lock_ok
    begin
        count_fre<=count* 2;
        lock_ok<=1;
    end
else                //==lock  && lock_ok
    count<=0;
endmodule
```

3.5　进一步学习

3.5.1　C语言进阶

C语言进阶需要掌握的知识包括以下内容：
(1)基本数据类型；
(2)有符号和无符号数；
(3)浮点数；
(4)类型转换；
(5)变量属性；
(6)分支语句；
(7)循环语句；
(8)Goto 和 void 分析；
(9)Const 和 volatile 分析；
(10)Struct 和 union 分析；
(11)Enum、sizeof、typedef 分析；
(12)注释符号；
(13)接续符和转义符；
(14)单引号和双引号；
(15)逻辑运算符分析；
(16)位运算符分析；
(17)＋＋和－－操作符分析；
(18)三目运算符和逗号表达式；
(19)编译过程；
(20)链接过程；
(21)宏定义与使用分析；
(22)条件编译使用分析；
(23)♯error 和♯line 使用分析；
(24)♯pragma 使用分析；

(25)♯和♯♯操作符使用分析；

(26)指针的本质分析；

(27)数组的本质分析；

(28)指针与数组；

(29)C 语言中的字符串；

(30)字符串经典问题；

(31)数组指针与指针数组；

(32)Main 函数与命令行参数；

(33)多维数组和多维指针；

(34)数组参数与指针参数；

(35)函数与指针分析；

(36)指针阅读技巧；

(37)动态分配内存；

(38)程序的内存布局；

(39)内存操作中的经典问题；

(40)函数的意义；

(41)函数与宏分析。

3.5.2　Java 进阶

据不完全统计,截至 2017 年 7 月,中国 Java 程序员的数量已经超过了 100 万。随着 IT 培训业的持续发展和大量应届毕业生进入社会,Java 程序员面临的竞争压力将越来越大。那么,作为一名 Java 初级程序员,怎样才能快速成长为一名高级程序员或者架构师呢？或者说一名优秀的高级工程师或架构师应该具有怎样的技术知识体系？这是所有程序员必须面对的问题。为了帮助大家少走弯路,下面总结出一个 Java 程序员的学习路线图。

(1)基础知识。

①计算机结构；

②编程原理；

③数据结构与算法；

④网络与协议。

(2)Java 基础。

①Java 语法:深入解析 Java 中的 Comparable 与 Comparator、迭代与递归；深入理解 Java 中的 hashCode()与 equals()方法、高效判断 Java 数组中是否包含某个值的方法、Java 的静态类型检查。

②Java 标准库:深入分析 Java 的 String 类的方法与特点、String 类不可变的原因、String 类相关的经典面试题；深入分析 Java 中枚举(Enum)的用法、数组(Array)转 ArrayList 的高效方法、两种最常见的排序方法、深入理解 Java 中的 Arrays.sort()方法、最高效的统计方式、HashMap 按值(Value)排序的方法；弄清 Java 中 HashMap、TreeMap、HashTable 和 LinkedHashMap 的区别,Java 中 HashSet、TreeSet 和 LinkedHashSet 的区别,以及 Java 中 ArrayList、LinkedList 和 Vector 的区别；详解 Java 中集合框架的体系结构。

③面向对象:Java 中私有构造函数的作用、Java 的访问修饰符(private、protected、public)、Java 的继承机制与构造函数(constructor)、Java 中的内部接口(inner interface)、Java 中的四种内部类(inner class)、Java 中的继承与组合、Java 中类的属性是否可以重写、Java 中对象的初始化顺序、Java 中的重载(Overload)与重写(Override)。

④输入输出:深入分析 Java 的序列化(Serialization)、Java 中正确关闭文件的方法、Java 中逐行写文件的几种方法、Java 中逐行读取文件的多种方式。

⑤泛型:Java 泛型中通配符的功能、Java 的泛型擦除机制、Java 的泛型方法、Java 泛型的作用。

⑥Java 异常:Java 的异常处理机制(Exception Handle)。

⑦反射机制。

⑧Java 网络编程。

⑨Java 多线程:深入理解 Java 的 wait()与 notify()方法、创建一个线程安全的 Java 方法、深入分析 Java 中基于监视器(Monitor)的同步(Synchronization)机制。

⑩JVM 内存模型:装载和初始化一个 Java class 类的方法、Java 规范中 JVM 的内存布局模型。

(3)数据库。

(4)IDE 与构建工具。

(5)JavaWeb。

(6)框架与库。

(7)架构与设计。

作为一名合格的架构师,必须熟悉各种网络产品及特性,熟悉各种中间件,深谙各种技术方案的优缺点,知道如何整合各种资源并达到最优,了解各种技术及应用场景,具有足够的经验以解决软件集成中遇到的各种问题。

3.5.3 Python 进阶

Python 进阶需要掌握的知识主要包括:

(1)关键字 is 和==的区别;

(2)深拷贝与浅拷贝;

(3)私有化与属性 property;

(4)列表生成式;

(5)生成器;

(6)迭代器;

(7)闭包;

(8)装饰器;

(9)动态语言添加属性和方法;

(10)元类;

(11)内建属性与方法;

(12)PDB 调试;

(13)进程与线程;

(14) Process 与 pool;

(15) 队列(queue);

(16) 互斥锁;

(17) 同步与异步;

(18) 网络编程;

(19) 网络端口;

(20) 套接字;

(21) 交换机、路由器、网段、ARP、DNS 与 MAC 地址;

(22) TCP 与 UDP;

(23) 常见网络攻击;

(24) Python 开源社区。

3.5.4 C++进阶

C++进阶需要掌握的知识主要包括:

(1) 标准模板库(Standard Template Library,STL):提高开发效率的优质工具。通过学习 STL,应掌握泛型编程技巧,理解容器类在 C++语言中的应用模式,以及熟练掌握全部 STL 类的使用方法。

(2) 设计模式:决定一个项目成败的最重要的因素是项目总体设计,通过设计模式的学习,可掌握面向对象编程中重要的一环。单例模式、工厂模式、代理模式、迭代模式等都是需要掌握的内容。

(3) 数据结构基础:包括顺序存储、链式存储、循环链表、双向链表、栈、队列、栈的应用、树的基本概念及遍历、二叉树、排序算法、并归算法等。

(4) UI 界面开发:掌握 QT 类库架构、图形界面开发模型;掌握 QT 开发技巧、消息机制、图形处理;掌握 QT 网络编程以及 UDP、TCP 使用方式;掌握 QT 文件处理方式及序列化;掌握 QT 在 Windows、Linux、iOS、Android 等不同平台下的移植技术。

(5) Unix/Linux 网络服务器:掌握 Unix/Linux 平台开发方式;熟练使用系统调用;熟悉 Unix/Linux 内存管理、进程与线程调度、网络服务器开发方式,熟练编写 TCP、UCP 网络服务程序;掌握同步、异步 I/O 模型在网络编程中的使用方式。

(6) 数据库开发:掌握 SQL 语言的实用技巧,掌握 Oracle、MySQL 数据库的使用方式。

参 考 文 献

[1] Wiegers K,Beatty J. 软件需求[M].李忠利,李淳,霍金健,等译.3 版.北京:清华大学出版社,2016.

[2] 温昱. 软件架构设计[M].2 版.北京:电子工业出版社,2012.

[3] 申艳光,申思. 软件之美[M]. 北京:清华大学出版社,2018.

[4] 卡珀斯·琼斯. 软件工程通史(1930—2019)[M].李建昊,傅庆冬,戴波,译.北京:清华大学出版社,2017.

[5] 邹辉. 软件自动化测试开发[M]. 北京:电子工业出版社,2017.
[6] Goman H. 软件建模与设计:UML、用例、模式和软件体系结构[M]. 彭鑫,吴毅坚,赵文耘,等译. 北京:机械工业出版社,2014.
[7] 申思维. 软件开发之殇[M]. 北京:清华大学出版社,2019.
[8] 褚华,霍秋艳. 软件设计师教程[M]. 北京:清华大学出版社,2018.
[9] 朱少民. 全程软件测试[M]. 3版. 北京:人民邮电出版社,2019.
[10] 于涌. 软件性能测试与LoadRunner实战教程[M]. 北京:人民邮电出版社,2014.
[11] 陈能技,黄志国. 软件测试技术大全:测试基础、流行工具、项目实战[M]. 3版. 北京:人民邮电出版社,2015.
[12] 斛嘉乙,符永蔚,樊映川. 软件测试技术指南[M]. 北京:机械工业出版社,2019.
[13] 潘加宇. 软件方法(上):业务建模和需求[M]. 2版. 北京:清华大学出版社,2018.
[14] 段念. 软件性能测试过程详解与案例剖析[M]. 2版. 北京:清华大学出版社,2012.
[15] 亨德里克森. 软件架构师的12项修炼[M]. 张菲,译. 北京:机械工业出版社,2012.
[16] Beatty J,Chen A. 软件需求与可视化模型[M]. 方敏,朱嵘,译. 北京:清华大学出版社,2017.
[17] 王朔韬. 软件是这样"炼"成的——从软件需求分析到软件架构设计[M]. 北京:清华大学出版社,2014.
[18] 赵强. 大话软件测试——性能、自动化及团队管理[M]. 北京:清华大学出版社,2018.
[19] 迈克·科恩. 敏捷软件开发:用户故事实战[M]. 王凌宇,译. 北京:清华大学出版社,2018.
[20] 李龙. 软件测试架构实践与精准测试[M]. 北京:人民邮电出版社,2018.
[21] 王顺. 软件测试工程师成长之路:软件测试全程项目实战宝典[M]. 北京:清华大学出版社,2016.

第4章 信　　息

4.1 什么是信息

4.1.1 信息释义

生活在信息时代的我们，处处都离不开信息，商店招牌、车站路牌、电视广告、墙上海报、手里的手机、办公室里的电脑、书架上的书籍，无处不储存着信息。它们正表达着一切，我们好似游荡在信息的海洋里。从宏观角度看，宇宙是一部超级计算机，每个角落都承载着信息，信息无处不在。

1."信息"的定义

广义上的信息，是指所有对象在相互联系过程中所呈现出来的各自的属性。信息与物质、能量构成客观世界。没有物质的世界是虚无的世界，没有能量的世界是死寂的世界，而没有信息的世界是混乱的世界。在这层定义上，信息具有和物质、能量等量齐观的地位。一般而言，我们日常所说的信息，更偏向于与人类的认识过程和传播活动相关的知识积累。这个概念摒除了人类社会以外的无机物、有机物的反应和感应现象，只强调与人类的作用和联系。"接收信息和使用信息的过程就是我们对外界环境中的种种偶然性进行调节并在该环境中有效地生活着的过程。"香农在其名著《信息论》中的阐述，完美诠释了狭义的信息含义，即能够消除受信者随机不确定性的东西。这里说的随机不确定性，是指现实生活中出现的影响人们生存、发展的多种变动的可能性。例如石油价格忽高忽低，每年的高考分数线都不固定等。它们的不确定性往往影响到一个人、一个家庭乃至全世界的后续发展。只有了解到确切信息，才能排除其他所有可能，拥有做出最终决定的依据。

贝尔在《信息理论及其工程应用》(1957)中说："信息被量度为接收者在通信前后知识状态之间的一个差异。"德雷斯克在《知识与信息流》(1981)中说："信息就是有能力产生知识的用品。知识是由信息引发的信念。"郭金彬在《信息的本质是什么？》(1982)中说："只有通过人的意识才能获得新内容、新知识，从不确定性过渡到确定性，从而得到信息，也就是说把握到了关系。"钟义信在《论信息：它的定义和测度》(1986)中说："信息，是关于事物运动状态和方式的表述，或者，等效地说，是关于事物运动状态和方式的广义化知识。这种'表述'，既可以是事物本身直接呈现的，也可以是通过其他间接方式转述的，总之是观察者所观察到或感受到的事物运动的状态和方式。任何知识（狭义的和广义的知识）都不外是关于某类或某个事物运动状态/方式的一种表述。狭义的、严格意义上的知识是对某类事物运动状态和方式的一种抽象化、普遍化的表述，而粗知识或潜知识是对某个事物或某些事物的运动状态和方式的直观的、简单的表述。定义中所说的广义化知识，就包含了狭义的、严格意义上的知识和那些粗知识和潜知识。"

2. "信息"的本质及深层含义

信息,不仅仅限于人类的交流,它还有着更深远的内涵。

任何你要发送的消息可以被转换成二进制数字——一个由 0 和 1 组成的长序列。香农意识到将信息转换成二进制数字是一个非常强大的行为,使得信息精确与可控,且便于管理。香农在他的论文中展示了一个二进制数字,每一个 0 或 1 是信息的基本单元,你可以把它想象成信息中的原子,也就是信息的最小单位。香农给这个基本单位做了定义——一个我们今天很熟悉的名词,binary digit(二进制数字)的缩写——bit(比特)。比特是最小的信息量,非常重要,因为它是个基本单位,是信息的最小单元,足以辨别通信中的所有信息。比特的力量在于其普适性。任何体系都具有两面性(两态),如同一个硬币的正面与反面,都可以携带 1 bit 的信息。1 或 0,打孔或不打孔,开或关,停或走,正或反,有或无等,所有这些体系都能存储 1 bit 的信息。比特成了所有信息的通用语言。任何声音、图片、文本都可以转化成二进制数字并发送。

在自然界中,信息无处不在,信息并非只有人类能创造。我们如今开始理解,信息这个概念不仅是 21 世纪人类社会的核心,也是物质世界自身的核心。我们所创造出的每一比特信息、每一本书、每一部电影,以及互联网的全部内容,与自然界庞大的信息量相比较,几乎微不足道。

4.1.2 信息的变迁

1. 信息表示的变迁

(1)信息符号化。

在远古时代,人类开始把符号刻在石壁上,用来保存信息,让子子孙孙可以从符号上学习如何狩猎,并不断地积累与改进。从此,信息可以保存在人脑以外,这是信息表示过程的第一次飞跃,意味着信息可以跨越巨大的时空,五千年前的思想如今也可以与你对话。

信息转化成符号,符号表达为信息,无论多么奇怪与复杂的思想都可以用符号来表示!信息符号化,它会怎样变化呢?

(2)符号简单化。

十九世纪早期的法国里昂是世界闻名的丝织之都。里昂的丝织工人们织出的丝织锦缎图案绚丽、精美绝伦,被人们视为珍品,然而他们使用的工具还是老式手工提花机。这种机器需要有人站在上面,费劲地将经线一根一根地提起、放下,就好像演员在操纵牵线木偶一样。可想而知,这种方式的工作强度非常之大、工作效率非常之低。

1804 年,雅卡尔在老式提花机的基础上发明了利用预先打孔的卡片控制编织花样的提花机,大幅度提高了工作效率。雅卡尔提花机的工作效率是老式提花机的 25 倍。其工作原理就是预先根据需要编制的图案在纸带上打孔,根据孔的有无来控制经线与纬线的上下关系。雅卡尔的穿孔纸带不仅引发了丝织行业的技术革命,也为全人类打开了一扇信息控制的大门。

提花机显示出了抽象信息的力量,它表明我们可以提取出重要信息,并以另一种形式表达出来。书写表明,你可以使用一组符号来记录语言,而雅卡尔已经证明,只需要两个符号,一个洞(或一块空白)就能捕捉到任何图片中的信息。在这种情况下,最简单的系统,也就是打了孔的卡片能捕捉到一些更复杂的东西的本质。

雅卡尔让我们意识到,只要有足够多的简单符号,就可以用它来描述整个宇宙中的任何事物。这也引发了之后的信息技术革命,拉开了诸如电报等通信手段的序幕!

2. 信息传递方式的变迁

在中国古代,烽火是较早的传递信息的方式。当敌人聚集并准备攻打要隘之时,守卫便会点燃烽火,即"狼烟",下一个要隘的守卫看到了烽火之后,也会点燃已准备好的燃烧物,信息就这样不断地传递下去,方便迅速集结部队准备迎战。

很明显,这种信息传递方式的效率非常低,其所传播的信息非常有限,只能够知道敌人来攻击了,但来了多少人、哪里来的、目的为何等均无法体现。此外,如果被不当使用,就会变成"烽火戏诸侯"了。

在古代,传递信息的方式还包括飞鸽传书,其缺点是准确性低,并且花费的时间长。

驿站是我国古代特有的信息传递方式,是为了军事上的需要而设立的。驿站起源于周朝,终止于1914年,在重要的信息传递上发挥了不可替代的作用。

报纸、电报、传真、电话等发明的出现在很大程度上丰富了信息传递的方式,并沿袭至今。

而光纤的发明更大地改善了我们的通信方式和信息传递速度。与基于调制解调器的铜制电话线相比,光纤通信在速度、价格、抗干扰性等方面具有绝对的优势。

1966年7月,华裔科学家高锟发表了一篇学术论文,首次提出了玻璃纤维可以作为光传播的介质并用于信息通信,前提是需要严格控制玻璃纤维中的杂质浓度以大幅度减少信号的衰减。

后来在他的带领下,业内终于在1970年解决了玻璃杂质所带来的问题,制作出了衰减极低的、可实用化的光纤。1981年,世界上第一个商用光纤通信系统正式建成,其传输速度远远高于电话线的通信速度。自此,光纤技术成为通信领域的主流技术,并得到大规模的推广应用。

今天,人们畅享网络时代带来的诸多便利,正是得益于光纤的普及。此外,光纤在医疗领域也有着诸多应用,是远程医疗的重要基础设施,同时是采用内窥镜等进行肠道和胃镜检查的重要信号传输载体。

4.2 核心概念

4.2.1 信息采集

1. 信息采集技术简介

信息采集技术主要指将外部模拟世界的各种模拟量,通过各种传感元件进行转换后,再经信号调理、采样、编码、传输等操作,最后送到控制器进行信息处理或存储。

信息采集要遵循一定的原则,要保证信息采集质量,基本要求如下。

(1)准:如果信息不准确,那么采集到的数据对于应用目标和工作需求是完全没有意义的。

(2)快(实时):信息从发生到被采集的时间间隔越短越好,因为目标的实现一般是有时间要求的,另外,有些时候信息本身具有一定的时效性,若采集时间过久,则信息的一部分价值将会流失。

(3)安全:信息的来源必须是可靠的。

(4)成本:在采集信息时要考虑经济性。

(5)完整:采集的信息在内容上必须完整无缺,能反映事物全貌。

2. 传感器

(1)传感器简介。

传感器(transducer/sensor)是一种检测装置,能感受到被测量的信息,并能将感受到的信息按一定规律变换为电信号或其他所需形式的信息输出,以满足信息的传输、处理、存储、显示、记录和控制等要求。

传感器具有微型化、数字化、智能化、多功能化、系统化、网络化的特点。它是实现自动检测和自动控制的首要环节。传感器的存在和发展,让物体有了触觉、味觉和嗅觉等感官,让物体慢慢变得活了起来。根据传感器基本感知功能的不同,可分为热敏传感器、光敏传感器、气敏传感器、力敏传感器、磁敏传感器、湿敏传感器、声敏传感器、放射线敏感元件、色敏传感器和味敏传感器等十大类。

(2)主要作用及应用领域。

人们要从外界获取信息,必须借助于自身的感觉器官,而在研究自然规律和生产活动中它们的功能是远远不够的。为解决这类问题,就需要使用传感器。传感器是获取自然和生产领域中的信息的主要途径与手段。可以这样说,传感器是人类五官的延长,被业界称为"电五官"。

传感器的低成本和易用性已吸引机器设计师和工艺工程师将其集成于各类应用。比如视觉传感器,其工业应用包括检验、计量、测量、定向、瑕疵检测和分拣。以下是一些应用范例:

在汽车组装厂,检验由机器人涂抹到车门边框的胶珠是否连续,宽度是否正确;在瓶装厂,校验瓶盖是否正确密封、灌装液位是否正确,以及在封盖之前没有异物掉入瓶中;在包装生产线,确保在正确的位置粘贴正确的包装标签。

在药品包装生产线,检验阿司匹林药片的泡罩包装中是否有破损或缺失的药片;在金属冲压公司,以每分钟逾150片的速度检验冲压部件,比人工检验快13倍以上。

在现代化的工业生产中,往往少不了传感器的辅助,尤其是自动化生产过程中,要用各种传感器来监视和控制生产过程中的各个参数,使设备工作在正常状态或最佳状态,并使产品达到最好的质量。

在基础学科研究中,传感器更具有突出的地位。例如在宏观上要观察上千光年的茫茫宇宙,微观上要观察粒子世界,纵向上要观察长达数十万年的天体演化,短到几秒间的瞬间反应。此外,还出现了对深化物质认识、开拓新能源、新材料等有重要作用的各种极端技术研究,如超高温、超低温、超高压、超高真空、超强磁场、超弱磁场等。

传感器早已渗透到诸如工业生产、宇宙开发、海洋探测、环境保护、资源调查、医学诊断、生物工程,甚至文物保护等极其广泛的领域。可以毫不夸张地说,从茫茫的太空到浩瀚的海洋,以至各种复杂的工程系统,几乎每一个现代化项目,都离不开各种各样的传感器。

4.2.2 信息存储

1. 信息存储简介

信息存储是指将经过加工整理的信息按照一定的格式和顺序存储在特定的载体中的一种信息组织活动。其目的是便于信息管理者和信息用户快速、准确地识别、定位和检索信息。在信息存储方面,大部分机器采用8位的块(1个字节)为最小的寻址单位。机器级程序将存储器视为一个很大的数组,称为虚拟存储器(virtual memory)。虚拟内存是计算机系统内存管理的一种技术。它使得应用程序认为它拥有连续可用的内存(一个完整的地址空间),而实际上,它通常被分隔成多个物理内存碎片,还有部分暂时存储在外部磁盘存储器上,在需要时进行数据交换。目前,大多数操作系统都使用了虚拟内存,如Windows家族的"虚拟内存",Linux的"交换空间"等。

存储器的每个字节都有一个唯一的数字标识,称为它的地址,所有可能地址的集合就称为虚拟地址空间(virtual address space)。它只是一个展示给机器级程序的概念性映像。编译器和运行系统的一个任务就是将这个存储器空间划分为更易管理的单元,来存放不同的程序对象,也就是程序数据、指令和控制信息。有各种机制可以用来分配和管理程序不同部分的存储,这种管理完全是在虚拟地址空间里完成的。

虚拟存储器位于磁盘上,另外,物理存储器和虚拟存储器都用页来作为磁盘和内存的传输单元,但是CPU是从内存(或者cache)上读取数据的,因此虚拟存储器必须清楚它的哪些页是已分配的(里面的数据是有效的),哪些是缓存在内存中的(将数据从磁盘拷贝到CPU中能较高速地访问物理存储器),哪些是已分配但是未被缓存到内存中的(数据是有效的且暂时存在于磁盘中,当需要的时候再缓冲)。

2. 基本概念

(1)十六进制表示法:1个字节包括8位,在二进制表示法中,它的值域是00000000～11111111;如果是十进制整数,它的值域就是0～255。但是这两种表示法用来描述位模式都不太方便,二进制表示法过于冗长,十进制表示法不便于与位模式进行转换,所以通常选择使用以16为基数的十六进制表示法来书写位模式。十六进制表示法使用数字"0～9"和字符"A～F"来表示16个可能的值。在C语言中,通常以0x或0X开头的数字常量表示十六进制的值。字符"A～F"既可以是大写,也可以是小写,还可以大小写混合使用。

(2)字:每台计算机都有一个字长(word size),用以指明整数和指针数据的标称大小。因为虚拟地址是以这样的一个字来编码的,所以字长决定的最重要的系统参数就是虚拟地址空间的大小。对于一个字长为n位的机器而言,虚拟地址的范围是$0 \sim 2^n-1$,程序最多能访问2^n个字节。

(3)数据大小:计算机和编辑器使用不同的方式来对数字进行编码,比如不同长度的整数和浮点数,从而支持多种数字格式。C语言支持整数和浮点数的多种数据格式。在C语言中,数据类型char表示一个单独的字节,它用来存储文本字符串中的单个字符,也能用来存储整数值;数据类型int前还能加上限定词short、long来提供不同长度的整数表示。另外,C语言支持单精度的float和双精度的double的浮点型数据类型。

(4)寻址和字节顺序:对于跨越多字节的程序对象,必须确定两个规则,即这个对象的地址是什么以及如何在存储器中对这些字节进行排序。几乎在所有的机器上,多字节对象都被存储为连续的字节序列,对象的地址为所使用的字节序列中最小的地址。

(5)字符串:C语言中的字符串被编码为以null(其值为零)字符结尾的字符数组。每个字符都由一个标准编码表示,常见的是ASCII字符码。

(6)代码:不同的机器类型使用不同的且不兼容的指令和编码方式。二进制代码很少能够在不同机器和操作系统间移植。

(7)布尔代数和环:二进制是计算机编码、存储和操作信息的核心,围绕数值0和1的研究已经演化出了丰富的数学知识体系。将逻辑值TRUE(真)和FALSE(假)编码为二进制1和0能够设计出一种代数,以研究命题逻辑的属性。布尔运算中,"～"对应逻辑运算符NOT,"&"

对应逻辑运算符 AND,"|"对应逻辑运算符 OR。

3. 数据

数据是可从中得出结论的未经处理的事实的集合。数字数据增长的因素有数据处理能力的提高和数字存储成本的降低。数据可分为结构化数据和非结构化数据两种类型。结构化数据以严格定义的格式按行和列进行组织,以便应用程序能够有效地进行检索和处理。结构化数据通常使用数据库管理系统(DBMS)进行存储。如果数据的元素不能存储在行和列中,并且难以通过应用程序进行查询和检索,则这样的数据就是非结构化数据。

大数据是指大小超出常用软件工具在运行时间内可承受的捕获、存储、管理和处理能力的数据集。大数据实时分析需要提供以下新技术和工具:高性能大规模并行处理(MPP)数据平台、高级分析数据中心。

数据中心具有以下关键特征:

(1)可用性:数据中心应确保在需要时可以使用信息。若信息不可用,则会造成金额巨大的业务(如金融服务、电信和电子商务)损失。

(2)安全性:数据中心必须制定策略、建立流程并进行核心元素集成,以防止他人在未经授权的情况下访问信息。

(3)可扩展性:随着企业规模的扩大,通常需要部署更多的服务器、新应用程序和其他数据库。数据中心应根据需要进行资源扩展,而不中断业务运营。

(4)性能:数据中心的所有元素应根据所需服务级别提供最佳性能。

(5)数据完整性:数据完整性是指错误修正码或奇偶校验位等机制,这些机制可确保按收到的数据的原样存储和检索数据。

虚拟化和云计算极大地改变了数据中心基础架构的资源调配和管理方式。组织正在对数据中心的各种元素快速部署虚拟化,以提高其利用率。此外,持续的 IT 成本压力和数据处理需求也促进了云计算的应用。

虚拟化是指抽象化物理资源并让其显示为逻辑资源的技术,如计算机系统中使用的虚拟内存和原始磁盘的分区。

云计算支持个人和组织通过网络将 IT 资源作为服务提供给用户。它提供高度可扩展且灵活的云服务,支持按需调配资源。用户可以纵向扩展计算资源(包括存储容量)的需求,而只需投入极少的管理工作或与服务提供商进行很少的交互。云计算支持基于消耗量的计量,因此用户只为他们使用的资源(例如使用的 CPU 小时数、数据传输量和数据存储量)付费。云计算基础架构通常构建于提供资源共用和快速资源调配的虚拟化数据中心之上。

4.2.3 信息处理

1. 信息处理简介

对于通信工程领域,信息是消息中所包含的有效内容,消息是信息的载体,信号是消息的传输载体。信息处理就是对信息的接收、存储、转化、传送和发布等。随着计算机科学的不断发展,计算机已经从初期的以"计算"为主的一种计算工具,发展成为以信息处理为主的,集计算和信息处理于一体的,与人们的工作、学习和生活密不可分的一种工具。进一步分析计算机信息处理的过程,可以看到,信息的接收包括信息的感知、信息的测量、信息的识别、信息的获取以及信息的输入等。信息的存储就是把接收到的信息及转换、传送、发布中间的信息通过存储设备进行缓冲、保存、备份等处理。信息的转化就是根据人们的特定需要对信息进行分类、计算、分析、检索、管理和综合等处理。信息的传送就是把信息通过计算机内部的指令或计算机之间构成的网络从一地传送到另外一地。信息的发布就是把信息通过各种表示形式展示出来。

计算机处理信息的过程实际上与人类处理信息的过程一致。人们也是先通过感觉器官获得信息,再通过大脑和神经系统对信息进行传递与存储,最后通过言、行或其他形式发布信息。

2. 信息处理研究方向

信号与信息处理技术是集信息采集、处理、加工、传播等多学科知识为一体的现代科学技术,是当今世界科技发展的重点,也是国家科技发展战略的重点。信号与信息处理专业是一级学科信息与通信工程下设的二级学科。该专业培养的学生应在信号与信息处理方面具有坚实、深厚的理论基础,深入了解国内外信号与信息处理方面的新技术和发展动向,系统、熟练地掌握现代信号处理的专业知识,具有创造性地进行理论与新技术的研究能力,具有独立地研究、分析与解决本专业技术问题的能力。

信号与信息处理专业的主要应用领域有:信息管理与集成、实时信号处理与应用、DSP应用、图像传输与处理、光纤传感与微弱信号检测、电力系统中的特殊信号处理等。还开展了FPGA的应用、公共信息管理与安全、电力设备红外热像测温等领域的研究,形成了本学科的研究特色,力争在某些学科方向达到国内领先水平。除上述主要领域外,还开展了基于场景的语音信号处理、指纹识别技术以及图像识别等多方面的研究工作,目前也取得了一定的成果。主要研究方向如下:

(1) 实时信号与信息处理。主要研究内容:嵌入式操作系统的分析、DSP的开发和设计、信号控制技术。信号的采集、压缩编码、传输、交互和控制技术,流媒体技术以及多人协同工作方式研究。

(2) 语音与图像处理。该研究方向主要负责研究和探索数字语音和图像处理领域的前沿技术及其应用。研究内容包括语音的时频分析和算法、声场分析和目标跟踪、动态范围(HDR)图像处理技术和算法、图像加速硬件(GPU)的应用等。

(3) 现代传感与测量技术。该研究方向理论研究与应用研究并重:在理论上主要开展基础研究,以发现新现象,开发传感器的新材料和新工艺;在应用上主要结合电力系统的应用需求,开发各种传感与检测系统。

(4) 信息系统与信息安全。该方向主要研究与通信和信息系统中的信息安全有关的科学理论和关键技术,主要包括密码理论与技术、安全协议理论与技术、安全体系结构理论与技术、信息隐藏理论与技术、信息对抗理论与技术、网络与信息系统安全研究。

(5) 智能信息处理。主要侧重于研究将现代智能信息处理的理论、技术和方法应用于现实的各类计算机信息处理系统的设计与实现中。为企业培养掌握现代智能信息处理的理论、技术和方法,研究与开发各类智能信息处理系统的技术人才。其主要研究内容有数字图像处理,视频信息的检测、分析、传输、存储、压缩、重建以及模式识别与协同信息处理,视觉计算与机器视觉,智能语音处理与理解,智能文本分类与信息检索,智能信息隐藏与识别。

(6) 信息电力为信息科学与电力系统两学科的边缘新学科,研究内容包括数字电力系统、电力通信技术与规程、计算机软件与网络、电力生产和运营管理、信息技术及其在电力工业中的应用。

(7) 现代电子系统。该方向主要研究使用当今最流行的电子系统设计工具(如嵌入式系统、可编程逻辑器件、DSP 系统等)实现诸如信息家电、通信、计算机等相关领域的硬件设计及软件设计的设计方法。

(8)嵌入式系统与智能控制研究单片机、可编程序控制器(PLC)、DSP、ARM 等在智能测量仪表、交通管理、信息家电、家庭智能管理系统、通信和信息处理等方面的应用。

(9)模式识别与人工智能。该方向主要研究模式识别与人工智能的新理论与新方法,着重研究这些理论和技术在实际系统中,尤其是在电力系统中的应用,解决应用中的关键技术问题,包括智能化信号处理、图像目标识别、人工神经元网络、模糊信息处理、统计信号处理、多传感器信息融合以及信号的超高速多通道采集与实时处理技术等。

3. 信号处理方法

信号的频域处理可分为经典方法和现代方法。经典方法以傅里叶变换为核心,只处理线性时不变问题。对非线性时变问题的处理是正在发展中的现代方法的内容。经典的谱估计方法对采样得到的序列进行处理时隐含了一个加窗的操作,窗外的数据默认为零。所以可靠的经典谱估计方法在采样点数比较少的情况下,对频率的估计变得不可靠。现代谱估计方法以模型为基础,利用采样的数据建立模型,使谱估计的结果更能体现随机信号的全局性质。

经典谱估计法简单、复杂度低,在采样点较多时有很好的效果。但是在采样时间短的情况下,经典谱估计法的分辨率较低,此时使用现代谱估计法比较好。

对于许多信号,低频成分相当重要,它常常蕴含着信号的特征,高频成分则给出了信号的细节或差别。信号处理方法有 FFT、非参数功率谱(周期图法、韦尔奇法)、参数功率谱估计(Burg、yale-worker AR)、短时傅里叶变换、离散小波变换等。

(1)快速傅里叶变换(FFT)。

FFT 可以反映出信号的整体内涵,但表现形式往往不够直观,并且噪声会使得信号频谱复杂化。

(2)离散小波变换(DWT)。

DWT 在数值分析和时频分析中很有用,包括一维小波变换和二维小波变换。小波分解的意义就在于能够在不同尺度上对信号进行分解,使人们能够在任意尺度观察信号,将信号分解为近似分量和细节分量。小波分析应用于信号降噪中,在小波分析中经常用到近似与细节的概念,近似表示信号的低尺度,即低频信息;细节表示信号的高尺度,即高频信息。带通滤波器可将信号分解为不同频率的分量。

(3)稀疏表示。

所谓稀疏表示,就是为普通稠密表达的样本找到合适的字典,将样本转化为合适的稀疏表达形式,从而使学习任务得以简化,模型复杂度得以降低。它实质上是对庞大数据集的一种降维表示,应用于图像去噪、超分辨率重建、人脸识别、目标跟踪、音频处理。

4. 图像处理

图像处理就是对图像信息进行加工处理,以满足人的视觉心理和实际应用的需求。模拟图像是连续图像,即采用数字化(离散化)表示和数字技术处理之前的图像。数字图像是由连续的模拟图像采样和量化而得的图像,其基本单位是像素。像素的值代表图像在该位置的亮度或灰度,称为图像的灰度值。数字图像像素具有整数坐标和整数灰度值。

(1)图像处理基本概念。

①图像增强:调整图像的对比度,突出重要细节,改善图像质量。

②图像复原和校正:去噪声、去模糊,使图像能够尽可能地贴近原始图像。

③图像的平滑:图像的去噪声处理(通过滤波算法),主要是为了去除实际成像过程中由成像设备和环境引起的图像失真,提取有用的信息。

④边缘锐化:加强图像的轮廓边缘和细节(一般轮廓边缘都处于灰度突变的地方),通过基于微分的图像锐化算法,使灰度反差增强。

⑤图像分割:图像分割就是把图像分成若干个特定的、具有独特性质的区域。

(2)计算机图像处理的内容。

对模拟图像进行采样、量化可以产生数字图像。采样是空间上的离散化,量化是灰度上的离散化。

图像采样就是在水平和垂直方向上将模拟图像等间距地分割成网状,而量化是在每个采样点上进行的,所以必须先采样后量化。采样和量化是图像数字化不可或缺的两个操作,两者紧密相关,同时完成。图像量化实际就是将图像采样后的样本值的范围分为有限多个区域,落入某区域中的值用同一值表示,从而用有限的离散数值量来代替无限的连续模拟量。量化时确定的离散取值个数称为量化级数,表示量化的色彩值或亮度值所需的二进制位数称为量化字长,一般量化字长为 8 位、16 位或 24 位。量化字长越大,越能真实反映原有图像的颜色,但占用的字节也越多。设 $M \times N$ 为图像尺寸,K 为每个像素所具有的离散灰度级数(不同灰度值的个数),则存一幅图像所需的位数 $B=M \times N \times K$。减少 K 值能增强图像的反差。

(3)图像模式。

①灰度图像:每个像素的信息由一个量化的灰度级来描述,无彩色信息。

②黑白图像、二值图像:只有黑白两色而没有中间的过渡色,像素值为 0、1。

③彩色图像:多采用 RGB 三基色模型表示,包含亮度和颜色两类信息。色彩的三要素包括色相(色彩的种类,与光波的波长有关)、纯度(表现颜色的浓淡和深浅程度)、明度(色彩的明亮程度)。

(4)图像文件格式。

①BMP 文件格式:由文件头、位图信息、调色板数据、图像数据四部分组成。

②GIF 文件格式:存储 256 色图像。

③TIFF 文件格式:相对经典、功能很强的图像文件存储格式。

④JPEG 文件格式:静止图像压缩标准。

⑤DICOM 文件格式:医学图像文件存储格式。

(5)图像质量评价。

图像质量评价分为客观评价和主观评价。客观评价标准有归一化均方误差 NMSE、峰值均方误差 PMSE、等效信噪比 PSNR。主观评价标准有图像逼真度、图像可懂度等。

5. 图像信号处理(ISP)

ISP 是 image signal processor 的简称,也就是图像信号处理器。DSP 是 digital signal processor 的缩写,也就是数字信号处理器。

ISP 一般用来处理 image sensor(图像传感器)的输出数据,具有 AEC(自动曝光控制)、AGC(自动增益控制)、AWB(自动白平衡)、色彩校正、镜头校正、Gamma 校正、祛除坏点、Auto Black Level(自动黑电平)、Auto White Level(自动白电平)等功能。DSP 的功能相对而言比较多,它可以做拍照以及回显(JPEG 的编解码)、录像以及回放(video 的编解码)、H.264 的编解码,还有很多其他方面的处理,总之是对数字信号进行处理。ISP 是一类特殊的处理图像信号的 DSP。

ISP 由 ISP 逻辑及运行在其上的 Firmware(固件)组成,逻辑单元除了完成一部分算法处理外,还可以统计出当前图像的实时信息。Firmware 通过获取 ISP 逻辑的图像统计信息并进行重新计算,反馈控制 lens、sensor 和 ISP 逻辑,以达到自动调节图像质量的目的。

ISP 的 Firmware 包含三部分,一部分是 ISP 控制单元和基础算法库,一部分是 AE/AWB/AF 算法库,一部分是 sensor 库。Firmware 设计的基本思想是单独提供 3A 算法库,由 ISP 控制单元调度基础算法库和 3A 算法库,同时 sensor 库分别向 ISP 基础算法库和 3A 算法库注册函数回调,以实现差异化的 sensor 适配。

不同的 sensor 都以回调函数的形式,向 ISP 算法库注册控制函数。ISP 控制单元调度基础算法库和 3A 算法库时,将通过这些回调函数获取初始化参数,并控制 sensor,如调节曝光时间、模拟增益、数字增益,控制 lens 步进聚焦或旋转光圈等。

ISP 架构方案分为独立(外置)与集成(内置)两种形式。ISP 内部包含 CPU、SUP IP、IF 等设备,事实上,可以认为 ISP 是一个 SOC(system of chip),它可以运行各种算法程序,实时处理图像信号。CPU 即中央处理器,可以运行 AF、LSC 等各种图像处理算法,控制外围设备。现代的 ISP 内部的 CPU 一般都是 ARM Cortex-A 系列的,例如 Cortex-A5、Cortex-A7。SUB IP 是各种功能模块的通称,对图像进行各自专业的处理。常见的 SUB IP 有 DIS、CSC、VRA 等。

(1)外置 ISP 架构的优点:

①能够提供更优秀的图像质量。在激烈的市场竞争下,能够存活到现在的外置 ISP 生产厂商在此领域一般都有很深的造诣,它们积累了丰富的影像质量调试经验,能够提供比内置 ISP 更优秀的性能和效果。因此,选用优质的外置 ISP 能提供更优秀的图像质量。

②能够支持更丰富的设计规划。外置 ISP 的选型基本不受 AP 的影响,可以从各个优秀 ISP 芯片供应商的众多产品中甄选最合适的器件,从而设计出更多优秀的产品。

③能够实现产品差异化。内置 ISP 是封装在 AP 内部的,和 AP 紧密地联系在一起,如果 AP 相同,那么 ISP 也就是一样的。因此基于同样的 AP 生产出来的手机,其 ISP 的性能也是一样的,可供调教的条件也是固定的,这就不利于实现产品差异化。而如果选择外置 ISP,那么同一颗 AP 可以搭配不同型号的 ISP,这样可以实现产品差异化,为用户提供更丰富和优质的产品。

(2)外置 ISP 架构的缺点:

①成本高。外置 ISP 需要单独购买,其售价往往不菲,而且某些特殊功能还需要额外支付费用。使用外置 ISP,需要进行额外的原理图和版图的设计,需要使用额外的元器件。

②开发周期长。外置 ISP 驱动的设计需要花费更多的精力和时间。使用外置 ISP 时,AP 供应商提供的 ISP 驱动就无法使用,需要额外设计外置 ISP 驱动。另外,为了和 AP 进行完美的搭配,将效果最大化,也往往需要付出更多的调试精力。

(3)内置 ISP 架构的优点:

内置 ISP 架构是在 AP 内部嵌入了 ISP IP,直接使用 AP 内部的 ISP 进行图像信号处理。

①降低成本。内置 ISP 嵌在 AP 内部,需要额外购买,且不占 PCB 空间,无须单独为其设计外围电路,这样就能节省 BOM,降低成本。鉴于大多数用户在选购手机时会将价格因素放在重要的位置,而降低成本能有效降低终端成品价格,有利于占领市场。

②加快产品的上市速度。内置 ISP 和 AP 紧密结合,无须进行原理图设计和版图设计,因此可以缩短开发周期,加快产品的上市速度。

③降低开发难度。如果使用内置 ISP,那么 AP 供应商能在前期提供相关资料,驱动开发人员可以有充足的时间熟悉相关资料,而且不会存在软件版本适配问题,也不存在平台架构兼容性问题。

6. 大数据信息处理

大数据信息处理可以分为数据采集、数据清理、数据存储及管理、数据分析、数据显化、产业应用等六个环节。而会制约大数据发展和应用的有三个方面的因素。

(1)数据收集和提取的合法性,隐私保护和数据应用之间的权衡。

任何企业或机构从人群中提取私人数据,用户都有知情权,将用户的隐私数据用于商业行为时,都需要得到用户的认可。很多大数据业务在最初发展阶段游走在灰色地带,当商业运作初具规模并开始对大批消费者和公司都产生影响之后,相关的法律法规以及市场规范才被制定出来。可以预计的是,尽管大数据在技术层面的应用可以无限广阔,但由于数据采集受到限制,能够用于商业应用、服务于人们的数据要远远小于理论上大数据能够采集和处理的数据。数据源头的采集受限将大大限制大数据的商业应用。

(2)大数据发挥协同效应需要产业链各个环节的企业达成竞争与合作的平衡。

大数据对其生态圈中的企业提出了更多的合作要求。如果没有对整体产业链的宏观把握,单个企业仅仅基于自己掌握的独立数据是无法了解产业链各个环节数据之间的关系的,因此对消费者做出的判断和影响也十分有限。

有一些行业的信息不对称现象比较明显,例如银行业以及保险业,这些行业的企业对数据共享的需求更为迫切。例如,银行业和保险业通常需要建立一个行业共享的数据库,让其成员能够了解到单个用户的信用记录,消除担保方和消费者之间的信息不对称,让交易进行得更为顺利。

然而,在很多情况下,这些需要共享信息的企业之间同时存在竞争和合作的关系,企业在共享数据之前,需要权衡利弊,避免在共享数据的同时丧失竞争优势。此外,当很多商家进行合作时,很容易形成卖家同盟,从而导致消费者利益受到损害,影响到交易的公平性。

大数据最具有想象力的发展方向是将不同行业的数据整合起来,提供全方位的立体数据绘图,力求从系统的角度了解并重塑用户需求。然而,交叉行业数据共享需要平衡太多企业的利益关系,如果没有中立的第三方机构出面,协调所有参与企业之间的关系、制定数据共享及应用的规则,将大大限制大数据的用武之地。权威的第三方中立机构的缺乏将制约大数据潜力的发挥。

(3)大数据人才的稀缺制约大数据结论的解读和应用。

大数据可以从数据分析的层面上揭示各个变量之间可能产生的关联,但是数据层面的关联如何具象到行业实践中?如何制定可执行方案以应用大数据的结论?这些问题要求执行者不但能够解读大数据,同时需要深谙行业发展各个要素之间的关联。

在这一环节中,人的因素成为制胜关键。从技术角度看,执行人需要理解大数据技术,能够解读大数据分析的结论;从行业角度说,执行人要非常了解行业各个生产环节之间的关系、各要素之间的可能关联,并且能将大数据得出的结论和行业的具体执行环节一一对应起来;从管理的角度讲,执行人需要制定出可执行的解决问题的方案,并且确保这一方案和管理流程没有冲突,在解决问题的同时不会制造出新的问题。

以上条件不但要求执行人深谙技术,同时应当是一个卓越的管理者,有系统论的思维,能够从复杂系统的角度看待大数据与行业的关系。此类人才的稀缺性制约了大数据的发展。

4.2.4 信息传输

1. 信息传输简介

信息传输可以借助信号实现。自然的事物可以被模拟信号作为载体直接传输或者处理,比如声音和图像,这里的声音就是振动,而图像识别的本质就是光的感受,我们可以通过声波和光波来传输声音和图像,虽然这两种方式不是那么统一。实际上完全可以用电磁波来传输声音和图像,电磁波具有波动性,而声音和图像也具有波动性,例如收音机、传统的胶卷照相机和老式的 CRT 电视机。模拟信号的本质就是波,而自然事物的信号也是波,波动性是自然事物固有的特征,因此总是可以通过波来模拟自然事物并且传输自然事物的模拟信号。

现在想一下文字,我们怎么传输它?它不是自然事物,也没有波的特征,我们没有办法直接模拟它的信号,因为它只是人脑创建的一些抽象符号,而非本来就存在于自然,它是更高层的概念,我们无法用模拟信号来直接传输它。模拟载波只认识有波动性质的信号,而不认识像文字这样的抽象符号,因此高层的概念无法用模拟载波来承载。既然传输媒介不能直接传输文字,那就只好使用间接传输的方式,将它转化为一个传输媒介可以传输的信号,然后在接收方再按照相反的方向转回去,这就需要两端约定好一个转化映射规则,就是一个"文字—信号"的映射规则,这就是数字编码的意义,发送端编码,接收端解码。因此,通过这种方式,可以实现信息的传输。

2. 基本概念

(1)数据:数据是指能够由计算机处理的数字、字母和符号等具有一定意义的实体。数据可以分为模拟数据与数字数据。模拟数据可以在一定的数据区域中取连续的值,如声音和图像。数字数据只能取离散的数值,如整数、二进制序列。

(2)信号:信号是数据的具体表现形式。从通信系统的发送端所产生的信号形式来看,信号可以分为模拟信号与数字信号。模拟信号指在各种介质上传送的连续变化的电磁波。数字信号指在介质上传送的电压脉冲序列。

(3)基带信号:基带信号是将数字信号 1 或 0 直接用两种不同的电压来表示,然后送到线路上传输。

(4)宽带信号:将基带信号进行调制后形成的频分复用模拟信号。

(5)信道:一般用来表示某一个方向上传送信息的逻辑意义上的媒体。信道可以分为传送模拟信号的模拟信道和传送数字信号的数字信道。

(6)信号的传输方式:可以分为模拟传输与数字传输。模拟传输是指将信息在传输介质中以模拟信号传输的传输方式。数字传输是指将信息在传输介质中以数字信号传输的传输方式。

(7)通信方式:人-机、机-机之间的通信,人-人之间的通信。

(8)通信信号:具有一定含义的二进制形式的字母、数字和符号,连续的语音信号或某种意义的报文。

(9)数据通信:依据通信协议,利用数据传输技术在两个功能单元之间传递数据信息的技术。它可以实现计算机与计算机、计算机与终端、终端与终端之间的数据信息传递。

(10) 数据通信系统:通过数据电路将分布在远地的数据终端设备与计算机系统连接起来,实现数据传输、交换、存储和处理的系统。数据通信系统主要由远程终端设备、数据电路、中央计算机系统三部分组成。

(11) 数据终端设备 DTE:由数据输入设备(数据源)、数据输出设备(数据宿)和传输控制器组成。

(12) 数据电路端接设备 DCE:DTE 与传输信道的接口设备,在 DTE 和传输线路之间提供信号变换和编码功能,并负责建立、保持和释放数据链路的连接。常用的 DCE 有调制解调器和数据服务单元。

(13) 远程终端设备:使用一般终端,具有一定的数据处理能力及发送和接收数据的能力,属于数据终端设备 DTE。

(14) 数据电路:由传输信道(传输线路)及两端的数据电路端接设备 DCE 组成,位于远程终端设备和中央计算机之间,为数据通信提供数字传输信道。传输信道包括通信线路和通信设备。

(15) 中央计算机系统:由通信控制器及主机构成,也属于 DTE。

(16) 通信控制器:对 DTE 的信号进行差错控制、终端接续控制、传输顺序控制、切断控制等,同时将线路的信号从并行转成串行(或从串行转成并行)。

(17) 信源:信源按所发出的信息在时间域内的表现形式可划分为离散信源和连续信源。离散信源通常是字符型或者数据型信源,因为字母、数字或者文字都是在时间轴上分隔开的信息。而连续信源是指在时间轴上发出连续信息的信源,通常音频信源或者视频信源属于连续信源,因为它们在时间轴上都是连续信息。按发出的信息在数值域内的表现形式可分为模拟信源和数字信源。模拟信源在自然界中占大多数,比如音频信源所发出的音量与音调,视频信源发出的亮度与色彩等信息。

(18) 交换线路:在数据传输系统中,当终端与计算机之间,或者计算机与计算机之间不是直通专线连接,而是要经过通信网的接续过程建立连接的时候,那么两端系统之间的传输通路就是通过通信网络中若干节点转接而成的"交换线路"。

(19) 数据交换技术:在一种任意拓扑的数据通信网络中,通过网络节点的某种转接方式实现从任一端系统到另一端系统之间接通数据通路的技术。

3. 模拟传输系统

(1) 模拟数据以模拟信号传输:传统的电话系统采用分级交换;长途干线采用频分复用的传输方式,即所谓的载波电话。

(2) 数字数据以模拟信号传输:在模拟信道中进行数字传输,必须先将数字信号转换为模拟信号。

① 解决办法:选取某一频率的正(余)弦模拟信号作为载波信号,运载所要传送的数字信号。

② 实现的具体方法:用要传送的数字信号改变载波的幅值、频率或相位,然后使其在信道上传送,到达信道的另一端后,再将数字信号从载波上提取出来。

③ 调制:将数字信号放到载波上去的过程,即将数字信号变换为模拟信号的过程,实现设备称为调制器(modulator)。

④ 解调:从载波上提取信号的过程,即将模拟信号变换为数字信号的过程,实现设备称为解调器(demodulator)。

⑤调制方法。

调幅(AM):载波的幅度随数字信号的值改变,也称为幅移键控法(ASK)。

特点是技术简单,抗干扰性较差,适合光缆使用。

调频(FM):载波的频率随数字信号的值改变,也称为频移键控法(FSK)。

特点是抗干扰性较高,但所占频带较宽,是常用的一种调制方法。

调相(PM):载波的相位随数字信号的值改变,也称为相移键控法(PSK)。

特点是抗干扰性较高,数据传输速率高,实现复杂。调相又可以分为绝对调相和相对(差分)调相。绝对调相是用固定的不同相位分别代表数字信号1和0。相对(差分)调相是用载波的相对相位变化来代表数字信号。相对调相比绝对调相更易实现,且具有更好的抗干扰性和更高的数据传输速率。

⑥调制解调器:按调制方法分可分为调频调制解调器、调相调制解调器和复合调制解调器;按数据率可分为低速调制解调器(低于600 bps)、中速调制解调器(600~9600 bps)和高速调制解调器(高于9600 bps);按拨号方式可分为手动拨号和自动拨号,此外,还可分为内置式和外置式调制解调器等。

4. 数字传输系统

(1)数字数据以数字信号传输。

数字数据可以数字信号传输,但需对信号进行编码,以提高数据传输的效率和实现通信双方的信号同步。常用编码有不归零码、归零码、曼彻斯特码和差分曼彻斯特码。

不归零码是一种最简单和最原始的编码方式,可分为单极性不归零码和双极性不归零码。它比较简单,有效利用了带宽,低频相应性能较好,但当连续发送"1"或"0"时,难以确定每位的开始或结束。

单极性不归零码用零电压代表"0",用正电压代表"1",采样时间为每个码元时间的中间点,判决门限为半幅度电平。单极性归零码发送"1"信号时发出一个短于一个码元时间宽度的正脉冲,发送"0"信号时,则完全不发出任何电流;每一个码元脉冲间要有间隔,脉冲宽度比码元间隔短,其采样时间和判决门限与不归零码类似;接收端可以从收到的脉冲间隔中得到同步信息,当出现长时间"0"码时,同步信号将会丢失。

双极性不归零码用负电压代表"0",用正电压代表"1",采样时间为每个码元时间的中间点,判决门限为零电平。双极性归零码发送"1"信号时发出一个短于一个码元时间宽度的正脉冲,发送"0"信号时发出短于一个码元时间宽度的负脉冲,其余时间则不发出任何电流;每一个码元脉冲间要有间隔,脉冲宽度比码元间隔短,其采样时间和判决门限与不归零码类似;接收端可以从收到的脉冲间隔中得到同步信息,当出现长时间"0"码时,同步信号将会丢失。

曼彻斯特码是自带同步信号的编码,常用于局域网的传输。其每一位中间均有一次跳变,该跳变既作为时钟信号又作为数据信号;每位编码的前半位表示数据信号的实际取值,后半位与之相反。曼彻斯特码克服了不归零码和归零码的同步信号丢失问题。

(2)模拟数据以数字信号传输。

数字传输的过程:发送端将模拟信号通过编码器(coder)变换为数字信号,接收端将收到的数字信号用解码器(decoder)还原成模拟信号。编码/解码器(codec)是既有编码功能又有解码功能的装置。

脉码调制技术(pulse code modulation,PCM):将模拟信号转变成数字信号的技术,常用于对声音信号进行处理。脉码调制过程的三个步骤:采样、量化和编码。

①采样:按照一定的时间间隔测量模拟信号幅值。只要采样频率不低于模拟信号最高频率的2倍,就可以从采样脉冲信号中无失真地恢复出原来的模拟信号。

②量化:将采样点测得的信号幅值分级取整的过程。经过量化后的样本幅度为离散的整数值,而不是连续的值。

③编码:用相应位数的二进制码表示已经量化的采样样本的量级。如果有 N 个量化级,则二进制位的位数为 log2N。

5. 消息在网络中的传输过程

形象解释如下:

PC-A 向 PC-B 传输消息,首先用户打开应用消息如 QQ,然后给小黑发消息(你吃了吗)。

(1)在应用层生成数据"你吃了吗(小黑IP)",然后数据传入表示层节点,进入表示层。

(2)在表示层将数据进行转换,针对计算机系统的不同编码(如 IBM 主机使用 EBCDIC 编码,而大部分 PC 机使用的是 ASCII 码等)进行加密,压缩至会话层。

(3)在会话层将这个 QQ 消息的回话区分出来,然后将会话内容以及相关信息传到下一层——网络层。

(4)在网络层将会话内容和相关信息(小黑IP)封入数据包,传递至运输层。

(5)在运输层,需要在数据包中插入写信人IP,并写明寄件人,传到数据链路层。

(6)在数据链路层(对应网卡和相应驱动程序),将小黑IP对应到其硬件地址(MAC地址是网络适配器唯一标识),数据传入物理层。

(7)在物理层将数据包由帧转换为电信号/光信号,然后通过光纤传输到目的地,为了防止传输过程中出现信息丢失,在这个节点加入了校验值,如果目的地校验后出现了丢失,那么重新发送一次。

(8)剩余的就是和上述相反的过程,由 PC-B 接收,然后小黑回复消息。

6. 三大电路交换技术

(1)电路交换。

电路交换是在通信之前,在通信双方之间建立一条被双方独占的物理通路(由通信双方之间的交换设备和链路逐段连接而成)。由于通信线路为通信双方用户专用,数据直达,因此传输数据的时延非常小(不存在排队情况),且双方可以随时通信,实时性强。但是,电路交换的平均连接建立时间对计算机通信来说较长(任意两点之间交换数据都要建立线路)。另外,因为物理通道被通信双方独占,即使线路空闲,也不能供其他用户使用,所以信道利用率低。电路交换时,数据直达,不同类型、不同规格、不同速率的终端很难相互进行通信。

电路交换过程主要有三个阶段:电路建立、数据传输和电路拆除。在传输数据之前,先经过呼叫过程建立一条端到端的电路。数据传输电路建立以后,数据就可以从源站发送到目的站,传输结束之后,由某一方发出拆除请求,然后逐节拆除到对方的节点链路,将电路的使用权还给网络,以供其他用户使用。

电路交换属于电路预分配系统,即每次通信时,通信双方都要连接电路,此电路分配给一对固定用户使用,其他人不可以用。

(2) 报文交换(message switching)。

报文交换以报文作为数据单位,报文携带有目标地址、源地址等信息,在交换结点采用存储转发的传输方式。报文交换不需要为通信双方预先建立一条专用的通信线路,所以不会有连接建立时延,用户可随时发送报文。在报文交换中便于设置代码检验和数据重发设施,加之交换结点还具有路径选择功能,可以做到某条传输路径发生故障时,重新选择另一条路径传输数据,提高了传输可靠性。报文交换在存储转发中容易实现代码转换和速率匹配,甚至收发双方可以不同时处于可用状态,这样就便于类型、规格和速度不同的计算机之间进行通信;且允许建立数据传输的优先级,使优先级高的报文优先转换。但是,在报文交换中由于数据进入交换结点后要经历存储、转发的过程,会引起转发时延(包括接收报文、检验正确性、排队、发送时间等),而且网络的通信量越大,造成的时延就越大,因此报文交换的实时性差,不适合传送实时或交互式业务的数据。通信量大的时候会造成拥堵,且只适用于数字信号。由于报文长度没有限制,而每个中间结点都要完整地接收传来的整个报文,当输出线路比较忙时,还可能要存储几个完整报文等待转发,要求网络中每个节点有较大的缓冲区,因而传送时延极大,没有合理的限制标准。

(3) 分组交换。

分组交换是报文交换的改良版,解决了传送时延问题,是在存储转发的传输方式的基础上,将一个长报文先分割成若干个较短的分组,然后把这些分组(携带源、目的地址和编号信息)逐个地发送出去。与报文交换相比,分组交换能加速数据在网络中的传输。因为分组是逐个传输的,可以使后一个分组的存储操作与前一个分组的转发操作同时进行,流水线式的传输方式减少了报文的传输时间,此外,传输一个分组所需的缓冲区比传输一份报文所需的缓冲区小得多,这样因缓冲区不足而等待发送的概率及等待的时间也必然少得多。分组交换也简化了存储管理,因为分组的长度固定,相应的缓冲区的大小也固定,在交换结点中对存储器的管理通常被简化为对缓冲区的管理,相对比较容易。分组短小,更适合采用优先级策略,便于即时传送一些紧急数据。但是,分组交换与报文交换一样,每个分组都要加上源、目的地址和分组编号等信息,使传送的信息量增加了 5%～10%,在一定程度上降低了通信效率,增加了处理时间,提高了控制复杂程度。

若传送的数据量很大,且其传送时间远大于呼叫时间,则采用电路交换较为合理。当端到端的通路由很多段的链路组成时,采用分组交换传送数据较为合适。从提高整个网络的信道利用率上看,报文交换和分组交换优于电路交换,其中分组交换比报文交换的时延小,尤其适合于计算机之间的突发式的数据通信。

4.3 典型应用——基于物联网的智能家居系统

物联网是一种物物相连的互联网,一方面,它具有互联网的所有功能,同时物理实体与物理实体之间也可通信;另一方面,它将物理实体与虚拟网络相连,使人能够超越空间的局限性,从而有效地控制物理实体。因此,物联网是通过射频识别(RFID)、红外感应器、全球定位系统、激光扫描器等信息传感设备,按约定的协议,把任何物体与互联网相连接,进行信息交换和通信,实现智能化识别、定位、跟踪、监控和管理的一种网络。这里说的物必须具备一定的条件:具有唯一的标识,具有 CPU 存储功能,包含通信模块(信息的传输和接收),遵守物联网的相关协议,实现控制功能。

物联网智能家居系统是通过各种信息传感设备,识别信息,判断信息,传递信息,接收控制信息,利用互联网技术将家庭中的各种家用电器、安全设备连接起来,构成集家庭通信、安全防护、设备控制等功能于一体的控制系统。物联网智能家居系统的特点:①实时性,可实时控制家中各种设备的运行。②及时性,一旦发生事件,可及时发现并及时解决,避免不必要的损失。③无地域性,只要具有系统的管理者权限,随时随地可以通过互联网进入系统进行管理。④灵敏性,由于人的视觉、听觉、触觉会根据环境或身体的变化而变化,其灵敏度亦受到影响,而传感器是由高精密的、集成的电路制成的,因此具有较高的检测其灵敏度,能保证检测结果的准确性。

基于物联网的智能家居系统的系统构建与工作原理如下:

1. 四层体系结构构建

嵌入式智能家居系统是将家庭网关作为唯一的接口,并将各种家庭设备信息在家庭网关上进行处理、存储、转发的系统。在此系统下,每个家庭都有一个家庭网关,并将所有的功能都集中在家庭网关,一旦要进行系统功能的增加,需要为每个家庭进行更改,不利于系统的扩展。在嵌入式智能家居系统的基础上,物联网智能家居系统将无线传感网、4G 网络、WIFI、物联网技术、中间件技术以有效的方式进行结合,使智能家居系统表现出强大的控制功能、信息的整合和系统的扩展,使其不再是一座座信息孤岛,而实现了功能信息的融合,从而建立智能小区。从系统功能角度来看,物联网智能家居系统具有 4 层体系结构:

(1)感知层:通过光敏传感器、气敏传感器、声敏传感器、化学传感器、摄像头等传感设备和监控设备探测、感受外界的信号、物理条件(如光、热、湿度)或化学组成(如烟雾),并监控外部环境,将探知的信息传递给中心控制平台,以进行设备的管理和控制。

(2)中心控制平台:此层是实现系统功能最重要的层次,主要进行设备的管理和控制,由中央控制器和模拟启动器组成,同时每个用户都有一个专属的中心控制平台,这样可以有效屏蔽各种器件的异构性,实现应用程序功能时将更加容易。首先由中央控制器接收从感知层传递过来的信息,然后中央控制器根据情况发出控制信息,命令某模拟启动器的执行方式,最后由与此模拟器相连的物体实现动作。同时,对于紧急事件具有自动报警功能。具体来说,中央控制器接收到传感器传来的信息后,通过判断模块判断突发情况是否严重,如果严重则立即发出警报、通知用户,并通过模拟启动器启动应急方案,如果并未达到严重的标准,则模拟启动器自行解决。与此同时,中央控制器将各种信息存储到用户的数据库中,供用户以后查阅。当然,用户也可以通过应用程序给各种家电输送命令,通过中心控制平台来执行。

(3)中间件层:此层是构建智能小区的关键,包含服务器、大型数据库等设备。庞大的服务器和数据库使每个家庭的信息在此汇总,每个家庭都分配有独立的存储空间,通过用户登录的方式进行管理。其中,数据库中记载了用户的详细信息,并且两个用户的电器设备可以互不干扰,实现动态添加,让用户享受到个性化服务。

(4)应用层:此层是与用户直接交互的图形用户界面接口(应用程序),提供简便的、个性化的服务,用户可通过软件或 Web 登录,操作各种设备及添加或删除服务,实现人机交互,同时屏蔽了下层通信。其中应用程序包括防盗安全管理模块、家居物品管理模块、自动报警模块等基础构件,实现各种功能,同时预留接口实现未来功能模块的添加、更新与删除,并与服务器、数据库相连,为每个用户分配特定的空间,实现个性化选择和设置。既实现了用户的独立性,也实现了系统的整体性。

2. 环境安全级别的构建

针对系统构建两个级别的安全控制信息——危险和安全。将用户认为属于危险级别的事件存储于中央控制器中,并用二进制数 1 来表示,列为安全级别的用 0 来表示,通过中央控制器的安全级别判断模块进行控制,判断是否需要报警。例如:房内出现烟雾时判断为发生火灾,处于危险状态,传感器传送房内温度,中央控制器通过判断功能模块判定需要启动报警装置,通知用户,且将通过模拟启动器开启水龙头作为应急方案。

3. 智能家居系统工作原理

在已完成应用程序的设计及各种物理设施的建设与连接的情况下,授权用户通过应用程序或 Web 登录智能家居系统,通过图形化界面发出需执行的命令,中央控制器发出控制指令,模拟启动器控制家居设备的运行或停止。若用户不提供操作命令,传感器感应外界环境的状况,将信息通过无线传感网络传递给中央控制器,中央控制器判断环境的安全级别,若为危险级别则发出控制信息、通知用户及报警,若为安全级别,一旦超出设定范围,中央控制器发出控制指令。最后都由模拟启动器执行指令。

4.4 进一步学习

4.4.1 图像处理进阶——HOG 特征简单梳理

这里把 HOG(方向梯度直方图)分解为方向梯度与直方图进行讲解。

1. 方向梯度

梯度:在向量微积分中,标量场的梯度是一个向量场。标量场中某一点上的梯度指向标量场增长最快的方向,梯度的长度是这个最大的变化率。更严格地说,从欧几里得空间 Rn 到 R 的函数的梯度是在 Rn 某一点最佳的线性近似。在这个意义上,梯度是雅可比矩阵的一个特殊情况。

在单变量的实值函数的情况,梯度只是导数,或者,对于一个线性函数来说是线的斜率。

在图像中,梯度的概念也是像素值变换最快的方向,把边缘(在图像合成中单一物体的轮廓叫作边缘)引入进来,边缘与梯度保持垂直方向。

HOG 中方向梯度的实现:首先用 $[-1,0,1]$ 梯度算子对原图像做卷积运算,得到 x 方向(水平方向,以向右为正方向)的梯度分量 gradscalx,然后用 $[1,0,-1]$ 梯度算子对原图像做卷积运算,得到 y 方向(竖直方向,以向上为正方向)的梯度分量 gradscaly。然后再计算该像素点的梯度大小和方向。

2. 直方图

直方图是图像处理中用的比较多的概念。灰度直方图是灰度级的函数,描述的是图像中具有该灰度级的像元的个数。确定图像像元的灰度值范围,以适当的灰度间隔为单位,将其划分为若干等级,以横轴表示灰度级,以纵轴表示每一灰度级具有的像元数或该像元数占总像元数的比例值,做出的条形统计图即为灰度直方图。

直方图反映了图像中的灰度分布规律。它描述每个灰度级具有的像元个数,但不包含这些像元在图像中的位置信息。任何一幅特定的图像都有唯一的直方图与之对应,不同的图像可以有相同的直方图。如果一幅图像由两个不相连的区域组成,并且每个区域的直方图已知,则整幅图像的直方图是这两个区域的直方图之和。

可做出每幅图像的灰度直方图,并可根据直方图的形态大致推断图像质量的好坏。图像包含大量的像元,其像元灰度值的分布应符合概率统计分布规律。假定像元的灰度值是随机分布的,那么其直方图应该是正态分布。

图像的灰度值是离散变量,因此直方图表示的是离散的概率分布。若以各灰度级的像元数占总像元数的比例值为纵坐标做出图像的直方图,将直方图中各条形的最高点连成一条外轮廓线,则纵坐标的比例值为某灰度级出现的概率密度,轮廓线可近似看成图像相应的连续函数的概率分布曲线。

4.4.2 语音识别进阶

语音识别是一种将人的语音转换为文本的技术。语音识别的第一个特点是要识别的语音的内容(比如声母、韵母等)是不定长时序,也就是说,在识别以前你不可能知道当前的声母或韵母有多长,这样在构建统计模型输入语音特征的时候无法简单判定到底该输入 0.0 到 0.5 秒还是 0.2 到 0.8 秒进行识别,同时,多数常见的模型都不方便处理维度不确定的输入特征(注意在一次处理的时候,时间长度转化成了当前的特征维度)。一种简单的解决思路是对语音进行分帧,每一帧占有比较短的、固定的时长(比如 25 ms),再假设这一帧既足够长(蕴含足以判断它属于哪个声母或韵母的信息),又很平稳(方便进行短时傅里叶分析),这样将每一帧转换为一个特征向量,分别(依次)识别它们属于哪个声母或韵母,就可以解决问题。识别的结果可以是第 100 到第 105 帧是声母 c,而第 106 帧到 115 帧是韵母 eng 等。这种思路有点像微积分中的"以直代曲"。另外,在实际的分帧过程中,还有很多常用技巧,比如相邻两帧之间有所重叠,或引入与邻近帧之间的差分作为额外特征,甚至直接堆叠许多语音帧等,这些都可以让前述的两个假设更可靠。

当我们有了分帧后的语音特征之后,下一步通常使用某种分类器将其分类成某种跟语音内容相关的类别,这一步通常称作声学模型建模。对于分类目标的选取,最简单的选择可以是词组,或者是组成词组的汉字所对应的音节。但这样的选择方式通常会对训练模型的语音数据提出过高的要求,带来"数据稀疏"的问题,即数据中很难包含汉语中的所有词组,同时每个词组也很难具有充足的训练样本以保证统计声学模型的可靠性。由于一个词组通常由多个音素的连续发音构成,而常见的音素都包含在国际音标表中,它们具有恰当的数目(通常几十个),以及清晰的定义(由特定的发声器官产生),于是音素成了各种语言的语音识别中最为常见的建模选择(汉语的声韵母也是由一到三个音素构成的),识别中再结合词组到音素的发音字典使用。使用音素也方便对混合语言(如汉语夹杂英语词汇)进行识别——当然不同母语的人对相同音素的发音也有区别,这是另外一个话题。另外,由于人类发声器官运动的连续性,以及某些语言中特定的拼读习惯(比如英语中的定冠词"the"在元音和辅音前有不同读音),会导致发音受到前后音素的影响,称为"协同发音"。于是可以进行所谓"上下文相关"的音素(或者考虑到音素实际的拼读,称为音子)分类。比如"wo chi le"这个序列,可以写为"w o ch i l e",这是普通的"上下文无关"音子序列,也可以考虑前一个音素对当前音素的影响而写成"sil-w w-o o-ch ch-i i-l l-e"(sil 表示语音开始前的静音,A-B 表示受到 A 影响的 B)或考虑后一个音素的影响写成 w+o o+ch ch+i i+l l+e e+sil(sil 表示语音结束后的静音,A+B 表示受到 B 影响的 A)。实际中以同时考虑前后各一个音素的三音子最为常见,也有人使用四音子模型。使用三音子或四音子模型会导致分类目标的几何级增长(如仅仅 30 个音素就可以扩展出 $30^3 = 27\,000$ 个三音子),并再次导致数据稀疏的问题。最常用的解决方法是使用基于决策树的方式对这些三音子或四音子模型进行聚类,对每一类模型进行参数共享以及训练数据的共享。在构建决策树的方式上以及决策树进行自顶向下分裂的过程中,都可以导入适当的语音学知识,将知识与数据驱动的方法进行结合,同时可以减少运算量并在识别中使用训练数据中未出现的三音子模型等。

有了具体的分类目标(比如三音子)之后,下面就要选择具体的数学模型进行声学建模。这里可以根据语音学研究等使用多种线性结构或非线性结构的模型或模型组合。目前使用最广泛的仍然是基于隐式马尔科夫模型的建模方法,即对每个三音子分别建立一个模型。隐式马尔科夫模型的转移概率密度以几何分布最为常见,但语音合成中也常用高斯分布;观测概率密度函数传统上通常使用高斯混合模型,也有人使用人工神经网络等,近年来随着深度学习的发展,使用各种深层神经网络的情况越来越多。最近也有人直接利用递归神经网络进行建模,也取得了比较好的效果。但无论使用哪种模型甚至非线性的模型组合,都假设了对应于每种类别(三音子)的语音帧在它所对应的高维空间中具有几乎确定的空间分布,可以通过对空间进行划分,并由未知语音帧的空间位置来对语音帧进行正确的分类。

在完成声学模型建模后,就可以基于声学模型对未知语音帧序列进行语音识别了,这一过程通常称为搜索解码过程。解码的原理通常是在给定根据语法、字典对马尔科夫模型进行连接的网络(网络的每个节点可以是一个词组等)后,在所有可能的搜索路径中选择一条或多条最优(通常是最大后验概率)路径(字典中出现词组的词组串)作为识别结果,具体的搜索算法可以有不同的实现方式。这样的搜索可以对时序的语音帧根据其前后帧进行约束,使用多状态隐式马尔科夫模型的理由之一是可以在搜索中对每个三音子的最短长度施加限制。语音识别任务通常有不同的分类,最困难的任务是所谓大词表连续语音识别,即对可能由数万种日常用词组成的发音自然的语句进行识别,这时通常要联合使用声学模型同概率语言模型,即在搜索中导入统计获得的先验语言层级信息,优点是可以显著提高识别器的性能,缺点是会造成识别器明显偏向于识别出语言模型中出现过的信息。

在最前沿的研究和评测中,通常还需要把许多不同的语音识别器通过各种不同的手段进行系统组合,以便使最终的(组合)系统能够获得具有互补性的信息,从而达到最佳的识别效果。

参 考 文 献

[1] 樊昌信,曹丽娜.通信原理[M].6 版.北京:国防工业出版社,2013.
[2] 周炯槃,庞沁华,续大我,等.通信原理[M].3 版.北京:北京邮电大学出版社,2008.
[3] 曹雪虹,张宗橙.信息论与编码[M].2 版.北京:清华大学出版社,2009.
[4] 田宝玉,杨洁,贺志强,等.信息论基础[M].北京:人民邮电出版社,2008.

[5] 沈世镒,陈鲁生.信息论与编码理论[M].北京:科学出版社,2010.
[6] 姜楠,王健.信息论与编码理论[M].北京:清华大学出版社,2010.
[7] Duda R O,Hart P E,Stork D G.模式分类[M].李宏东,姚天翔,等译.北京:机械工业出版社,2003.
[8] 丁玉美,阔永红,高新波.数字信号处理[M].西安:西安电子科技大学出版社,2002.
[9] Gonzalez R C,Woods R E.数字图像处理[M].阮秋琦,译.北京:电子工业出版社,2003.

第5章 网　　络

5.1 什么是网络

网络由若干节点和连接这些节点的链路构成,表示诸多对象及其相互联系。在数学上,网络是一种图,一般认为专指加权图。网络除了数学定义外,还有具体的物理含义,即网络是从某种相同类型的实际问题中抽象出来的模型。在计算机领域中,网络是信息传输、接收、共享的虚拟平台,可通过它把各个点、面、体的信息联系到一起,从而实现这些资源的共享。网络是人类发展史以来最重要的发明,促进了科技的进步和人类社会的发展。

5.1.1 网络的作用

1. 易于进行分布式处理

在网络中,可以将一个比较大的问题或任务分解为若干个子问题或小任务,分散到网络中不同的计算机上进行处理。这种分布处理能力在进行一些重大课题的研究开发时是卓有成效的。

2. 综合信息服务

在当今的信息化社会里,个人、办公室、图书馆、企业和学校等,每时每刻都在产生并处理大量的信息。这些信息可能是文字、数字、图像、声音甚至是视频,通过网络就能够收集、处理这些信息,并进行信息的传送。因此,综合信息服务将成为网络的基本服务功能。

3. 快速传输信息

分布在不同地区的计算机系统,可以通过网络及时、高速地传递各种信息,交换数据,发送电子邮件,使人们之间的联系更加紧密。

5.1.2 网络的四要素

(1)通信线路和通信设备;
(2)有独立功能的计算机;
(3)网络软件支持;
(4)实现数据通信与资源共享。

5.1.3 网络的分类

按网络拓扑结构分类:总线型拓扑、环形拓扑、星形拓扑、网状拓扑。
按信息交换方式分类:电路交换、报文交换、分组交换。

按覆盖范围分类：局域网 LAN（作用范围一般为几米到几十千米）、城域网 MAN（界于 WAN 与 LAN 之间）、广域网 WAN（作用范围一般为几十千米到几千千米）。

局部区域网络（local area network）通常简称为"局域网"，缩写为 LAN。局域网是结构复杂程度最低的计算机网络，是在同一地点上经网络连在一起的一组计算机。局域网通常挨得很近，它是目前应用最广泛的一类网络。通常将具有如下特征的网称为局域网。

(1) 网络所覆盖的地理范围比较小，通常不超过几十千米，甚至只在一幢建筑内或一个房间内。

(2) 信息的传输速率比较高，范围自 1 Mbps 到 100 Mbps。而广域网运行时的传输速率一般为 2400 bps、9600 bps 或者 38.4 kbps、56.64 kbps。专用线路也只能达到 1.544 Mbps。

(3) 网络的经营权和管理权属于某个单位。

广域网（wide area network，WAN）是影响广泛的复杂网络系统。WAN 由两个以上的 LAN 构成，这些 LAN 间的连接可以穿越 45 千米以上的距离。大型的 WAN 可以由各大洲的许多 LAN 和 MAN 组成。最广为人知的 WAN 就是 Internet，它由全球成千上万的 LAN 和 WAN 组成。

5.2 网络基础知识

5.2.1 计算机网络

1. 什么是计算机网络

地理上分散的多台独立的计算机遵循约定的通信协议，通过软硬件设备互连，以实现交互通信、资源共享、信息交换、协同工作以及在线处理等功能的系统，称为计算机网络。

计算机网络是计算机技术和通信技术结合发展的产物。计算机联网的根本意义在于摆脱计算机在地理位置上的束缚，实现全网范围的资源共享。

具体来说，计算机网络的作用有：

(1) 信息资源的共享。

在现代信息社会，信息资源的获取是至关重要的。人们希望了解今天的新闻，获知最新的股市行情，查找某方面的学术资料等，以上信息都可以从网络中得到。在一个单位内部，人们也可以通过网络共享各部门的数据和资料。

(2) 昂贵设备的共享。

现在大多数用户使用的是个人计算机，如果需要运行一个大型软件，用户就可以申请使用网络中的大型计算机，即使它远在千里之外。用户也可以调用网络中的几台计算机共同完成某项任务，此外，还可以利用网络中的海量存储器，将自己的文件存到其中，如同给自己增加了一个硬盘。

(3) 高可靠性的需要。

网络系统对于现代军事、金融、民航以及核反应堆的安全等都是至关重要的。网络可以使多个计算机设备同时为某项工作提供服务，提高了系统的容错能力，确保了工作的顺利进行。

(4)提高工作效率。

通过网络,我们可以把工作任务进行分摊,大家来协作完成。此外,我们还可以与千里之外的朋友在网上交谈,或是认识更多的陌生朋友,增进人与人之间的交流。

2.计算机网络的发展历史

计算机网络的发展可以分为四个阶段。

(1)第一代计算机网络:大型主机的时代(远程联机系统)。

第一代计算机网络是以单个计算机为中心的远程联机系统。在这种网络中,最基本的联网设备是前端处理机(FEP)和终端控制器(TC)。所有的终端设备连接到终端控制器,然后通过电话线等连接到前端处理机,由前端处理机负责处理通信工作,而作为网络中心的大型计算机专门进行数据处理,如图5.1所示。20世纪60年代,美国航空公司的飞机订票系统SABRE I 就是这种系统的典型代表,它是由一台中心计算机和2000多个终端共同组成的。这种远程联机系统已经具备了网络的雏形,但还不是真正意义上的计算机网络。

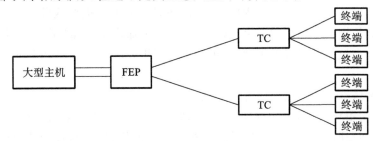

图 5.1 大型计算机网络

(2)第二代计算机网络:多机互联的时代(小型计算机的网络)。

这一时期的计算机网络由多个小型计算机通过通信线路互联起来,满足用户提供服务。在这种系统中,终端和计算机间的通信已经发展为计算机和计算机间的通信,为用户需求的服务被分散到互联的各台计算机上共同完成。典型代表是ARPA网。

(3)第三代计算机网络:共享型局域网。

局域网是指地理范围比较小的网络,通常分布在一个房间、一幢楼房或一个校园内。

(4)第四代计算机网络:交换网络。

交换机(见图5.2)已经成为网络主干的核心。

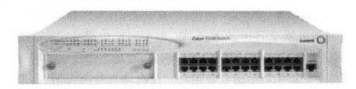

图 5.2 一款 Cajun 交换机

3.计算机网络的现状

计算机网络作为覆盖全球最广且运行效果较好的现实网络,具有范围广、影响深及用户多等特点。但是,随着互联网的蓬勃发展,计算机网络也表现出一定的不足和缺陷。

(1)计算机网络缺乏有效的网络控制能力。

现有的互联网体系结构是在二十世纪七八十年代建立的,其主要采用统计复用和分组交换技术,而网络本身只提供数据传输服务。如今的计算机网络可以实现信息的全方位共享,但是计算机网络体系结构对网络资源的控制和管理方面并没有引起足够的重视,也没有在全网范围内建立有效的资源控制技术和方案,因此,它的服务是十分简单的,也是相当有限的。随着多媒体应用的深入推进,用户对互联网的需求也不断增长,如在线点播、视频会议的崛起,这意味着互联网不能为这些多媒体应用提供全方面的服务。尽管有很多专家先后提出了一系列的模型方案和机制来促进网络服务质量,然而这些方案和机制都只停留在理论阶段,实际运行过程与理论相差甚远。同时,因为缺乏有效的网络控制,信息泄密以及用户管理问题层出不穷,网络安全难以保证。尽管防火墙、IDS 等网络安全检测技术及 SSL/TSL 等网络安全协议技术日益成熟,但是并不能完全解决随处可见的网络病毒、垃圾信件以及不良信息等网络安全问题。

(2)计算机网络所提供的服务不能满足用户的需求。

与人们日益增长的需求相比,传统的计算机网络所能提供的服务极为有限。大部分的网络服务侧重于互联互通互操作的通信设施以及网络连接和传输等功能,然而,人们日益增长的服务需求具有多样化和个性化等特点,因此,如果网络只能够继续提供这种为数不多且固定不变的服务,就不能满足用户多样化的需求,人们迫切需要更加快速、灵活、高效和动态的网络服务。近年来,虽然研究人员已经开展了主动网、可编程网等相关研究工作,但互联网仍然存在很多尚待解决的问题。

(3)计算机网络难以实现用户的有效管理。

互联网的早期用户大多为高级知识分子,他们大多是高校或科研机构中的工作人员,遇到计算机网络安全问题时也较容易解决。因此,在最初的网络设计中,很少涉及网络安全及用户管理等问题,当然更没有相关制度和网络的安全保障方案。由于对互联网的控制能力不足,许多复杂的实时多媒体功能难以完好地展现出来,而且随着互联网的发展及扩大,网络的信任及安全等问题慢慢地浮现出来,例如网络病毒、色情电影、垃圾邮件和不良信息等问题,这些问题严重地阻碍了计算机网络的正常运行。所以缺乏完整的网络安全体系的互联网难以实现有效的用户管理,也难以建立完备的用户管理体系。

4. 计算机网络的发展趋势

(1)超高清视频进入千家万户。超高清视频是指每帧像素分辨率在 4K(一般为 3840×2160)及以上的视频。4K、8K 超高清视频的画面分辨率分别是高清视频的 4 倍和 16 倍,并在色彩、音效、沉浸感等方面实现全面提升,带来更具震撼力、感染力的用户体验。未来,4K/8K 超高清视频的高分辨率、高帧率、高色深、宽色域、高动态范围、三维声等技术日臻成熟,超高清频道将陆续开通,超高清电视节目逐渐增多,4K 电影、4K 纪录片、4K/8K 点播频道将日益丰富。消费者将体验到更多优质的 4K 超高清视频内容,对超高清视频的认知不断提高,对 4K 的需求不断增长,形成整个产业生态链的良性循环。超高清视频与安防、制造、交通、医疗等行业的结合,将加速智能监控、机器人巡检、远程维护、自动驾驶、远程医疗等新应用新模式孕育发展,驱动以视频为核心的行业实现数字化、智能化转型。

(2)虚拟现实技术应用遍地开花。虚拟现实(含增强现实、混合现实,简称 VR/AR/MR)是融合了多媒体、传感器、新型显示、互联网和人工智能等多种前沿技术的综合性技术,有望成为下一代通用计算平台,对人类认识世界、改造世界的方式方法带来颠覆式变革。它与教育、军事、制造、娱乐、医疗、文化艺术、旅游等领域进行深度融合,具有巨大的市场潜力。未来,随着虚拟现实产品与技术的不断进步,虚拟现实技术的行业应用需求日益明晰,应用场景也更加丰富。

虚拟现实技术将在制造、教育、交通、医疗、文娱、旅游等领域快速铺开。虚拟现实技术正进入我国航天、航空、汽车等高端制造领域,成为促进中国制造创新转型升级的新工具。虚拟现实技术和健康医疗、养老关怀、文化教育等领域进一步深入融合,将创新社会服务方式,有效缓解医疗、养老、教育等社会公共资源不均衡问题,促进社会和谐发展。

(3)智能家居产品深入人心。智能家居产品是指使用了语音交互、机器深度学习、自我调控等技术的智能家居产品,具有自然交互能力、智能化推荐能力等。智能家居产品的典型代表是智能音箱。智能家居产品不仅具有使用功能,还可以作为管理家庭场景的物联网接口。未来,智能音箱、智能电视、智能门锁、智能照明、智能插座、智能摄像头等智能家居硬件产品将更加普及,智能家庭控制系统将更加安全智能。家居产品将从被动处理信息和任务,演进为自觉、主动地以自感知、自学习、自决策、自适应的方式完成任务。软硬件产品结合将由智能化单品向以用户为中心的智慧家庭演进,多种家居产品将根据用户自定义实现联动,实现人工智能操作,为居民提供更方便、更愉悦、更健康、更安全的生活体验。

(4)量子信息技术进入产业化阶段。量子信息技术是用量子态来编码、传输、处理和存储信息的一类前沿理论技术总称。量子特有的多维性、不可分割性和不可复制性,使其突破了现有信息技术的物理极限和运算速度极限,在安全通信、加密/解密、金融计算等方面具备巨大的发展潜力和应用前景。未来,量子信息技术将走向产业化,主要集中于量子通信、量子计算、量子测量三大领域。量子通信的形式包括量子密钥分发、量子隐形传态、量子密集编码、量子纠缠分发等。其中,量子密钥分发是我国量子保密通信最典型的应用。量子计算机硬件实现形式主要包括超导、半导体、离子阱三种。量子测量将应用到科学探索、技术标准、国防军事等各领域前沿。

(5)5G全产业链加速成熟。5G即第五代移动通信。每一代移动通信都可由"标志性能力指标"和"核心关键技术"进行定义。5G的标志性能力指标为Gbps级用户体验速率,核心关键技术包含大规模天线阵列、超密集组网、新型多址、全频谱接入和新型网络架构等。未来,5G全产业链加速成熟,正快速步入商用阶段。5G网络产品、基带芯片、模组解决方案已初步达到商用终端产品要求。今后,5G在各领域的创新应用将日益活跃,围绕超高清视频、虚拟现实、智能驾驶、智能工厂、智慧城市的应用探索将成为热点。

(6)车联网方兴未艾。车联网(智能网联汽车)是实现智能驾驶和信息互联的新一代汽车,具有平台化、智能化和网联化的特征。智能网联汽车搭载先进的车载传感器、控制器、执行器等装置和车载系统模块,融合现代传感技术、控制技术、通信与网络技术,具备信息互联共享、复杂环境感知、智能化决策与控制等功能。未来,车联网产业的发展将促进汽车、电子、信息通信、道路交通运输等行业深度融合。汽车网联化、智能化水平不断提升,从驾驶辅助到有条件自动化到完全自动化,不断演进。具有高级别自动驾驶功能的智能网联汽车和基于第五代移动通信技术设计的车联网无线通信技术(5G—V2X)将逐步实现规模化商业应用,"人—车—路—云"将实现高度协同。

(7)智能制造稳步推进。智能制造发展全面推进,生产方式加速向数字化、网络化、智能化变革,智能制造供给能力稳步提升。智能制造和工业互联网不断融合,工业互联网平台将成为企业发展智能制造的重要着力点,中小企业不断推进智能转型升级。数字化工厂建设速度加快,形成若干可复制可推广的智能制造新模式,智能制造标准体系逐步完善。智能制造向制造业的全领域推广,带动制造业转型升级,提升行业竞争力。

(8)云计算潜力巨大。云计算应用细分领域不断拓展,其应用从互联网行业向工业、农业、商贸、金融、交通、物流、医疗、政务等传统行业不断渗透。随着数字经济的发展,数字化转型需求旺盛,云计算潜力不断被激发,云服务市场保持快速增长。企业将信息系统向云平台迁移,利用云计算加快数字化、网络化、智能化转型。云计算企业将进一步强化云生态体系建设。

(9)大数据迭代创新发展。大数据产业链不断完善,大数据硬件、大数据软件、大数据服务等核心产业规模不断扩大,业务覆盖领域不断扩大。大数据技术及应用处于稳步迭代创新期,大数据计算引擎、大数据 PaaS 及工具和组件成为企业标配,大量结合人工智能技术的大数据应用将大量落地。八大国家大数据综合试验区引领示范作用明显,将加快区域经济结构转型升级。工业大数据在产品创新、故障诊断与预测、物联网管理、供应链优化等方面将不断创造价值,持续引领工业转型升级。

5.2.2 移动通信网络

1. 通信网基本概念

通信网是由通信端点、连接节点和相应的传输链路有机地组合起来,以实现在两个或多个通信端点之间提供信息传输的通信体系。电话网、计算机网、因特网等都是目前典型的通信网。通信网由用户终端设备、交换设备和传输设备组成。交换设备间的传输设备称为中继线路(简称中继线),用户终端设备至交换设备的传输设备称为用户路线(简称用户线)。

通信网可从不同角度分类:按业务内容可分为电报网、电话网、图像网、数据网等;按地区规模可分为农村网、市内网、长途网、国际网等;按服务对象可分为公用网、军用网、专用网等;按信号形式可分为模拟网、数字网等。

通信系统就是用信号(电信号、光信号等)来传递信息的系统。通信系统的构成可以简单地概括为一个统一的模型,由信源、发送设备、信道、接收设备、信宿和噪声源 6 个部分组成,如图 5.3 所示。

图 5.3 通信系统模型

(1)信源是指发出信息的信息源。在人与人之间通信的情况下,信源指的是发出信息的人;在机器与机器之间通信的情况下,信源就是发出信息的机器,如计算机等。

(2)发送设备就是把信源发出的信息变换成适合在信道上传输的信号的设备。

(3)信道是信号传输媒介的总称。不同的信源形式所对应的变换处理方式不同,与之对应的信道形式也不同。传输信道的类型有两种划分方法:一是按传输媒介划分为无线信道和有线信道;二是按在信道上传输信号的形式划分为模拟信道和数字信道。

(4)接收是发送的逆过程。因为发送设备是把不同形式的信息变换和处理成适合在信道上传输的信号,一般情况下,这种信号是不能为信息接收者所直接接收的,所以接收设备的功能就是把从信道上接收的信号变换成信息接收者可以接收的信息。

(5)信宿是指信息传送的终点,也就是信息接收者。

(6)噪声源并不是人为实现的实体,但在实际通信系统中是客观存在的。在模型中把发送、传输和接收端各部分的干扰噪声集中地用一个噪声源来表示。

不同的信息源,以及不同的变换和处理方式,可以构成不同类型的通信系统。

通信的基本形式是在信源和信宿之间建立一个传输(转移)信息的通道(信道),即传输信道。

如果把通信系统模型用通信网来表示就更简单了。通信网中有交换点,交换点能完成接续任务。用户终端表示系统模型中的信源和信宿。终端和交换点之间的各连线表示系统模型中的信道,也称为传输链路。这样由多个用户通信系统互连的通信体系就构成了通信网。

2. 移动通信网的发展历史

通常 1897 年被认为是人类移动通信元年。这一年,M.G.马可尼在固定站与一艘拖船之间完成了一项无线通信试验,实现了在英吉利海峡行驶的船只之间保持持续通信。这第一次向世人展示了无线电通信的魅力,由此揭开了世界移动通信历史的序幕。

现代移动通信以 1986 年第一代通信技术(1G)的发明为标志,经过三十多年的爆发式增长,极大地改变了人们的生活方式,并成为推动社会发展的最重要动力之一。下面我们先来回顾一下从 1G 到 4G 的发展历程。最能代表 1G 时代特征的,是美国摩托罗拉公司在 20 世纪 90 年代推出并风靡全球的大哥大,即移动手提式电话。大哥大的推出,依赖于第一代移动通信系统(1G)技术的成熟和应用。1986 年,第一代移动通信系统(1G)在美国芝加哥诞生,采用模拟信号传输,即将电磁波进行频率调制后,将语音信号转换到载波电磁波上,载有信息的电磁波发布到空间后,由接收设备接收,并从载波电磁波上还原语音信息,完成一次通话。但各个国家的 1G 通信标准并不一致,使得第一代移动通信并不能"全球漫游",这大大阻碍了 1G 的发展。同时,由于 1G 采用模拟信号传输,因此其容量非常有限,一般只能传输语音信号,且存在语音品质低、信号不稳定、涵盖范围不够全面、安全性差和易受干扰等问题。

1994 年,原中国邮电部部长吴基传用诺基亚 2110 拨通了中国移动通信史上第一个 GSM 电话,中国开始进入 2G 时代。和 1G 不同的是,2G 采用的是数字调制技术。因此,第二代移动通信系统的容量也在增加,随着系统容量的增加,2G 时代的手机可以上网了,虽然数据传输的速度很慢(每秒 9.6×14.4 kbit),但文字信息的传输由此开始了,这成为当今移动互联网发展的基础。2G 时代也是移动通信标准争夺的开始,主要通信标准有以摩托罗拉为代表的 CDMA 美国标准和以诺基亚为代表的 GSM 欧洲标准。最终随着 GSM 标准在全球范围更加广泛的使用,诺基亚击败摩托罗拉,成为全球移动手机行业的霸主。

2G 时代,手机只能打电话和发送简单的文字信息,虽然这已经大大提升了效率,但是日益增长的图片和视频传输的需要,使得人们对数据传输速度的要求日趋高涨,2G 时代的网速显然不能满足这一需求。于是高速数据传输的蜂窝移动通信技术——3G 应运而生。相比于 2G,3G 依然采用数字数据传输,但通过开辟新的电磁波频谱、制定新的通信标准,3G 的传输速度可达每秒 384 kbit,在室内稳定环境下甚至可达到每秒 2 Mbit 的水准,是 2G 时代的 140 倍。由于采用更宽的频带,传输的稳定性也大大提高。速度的大幅提升和稳定性的提高,使大数据的传送更为普遍,移动通信有更多样化的应用,因此 3G 被视为开启移动通信新纪元的关键所在。2007 年,乔布斯发布 iPhone,智能手机的浪潮随即席卷全球。从某种意义上讲,终端功能的大幅提升也加快了移动通信系统演进的步伐。2008 年,支持 3G 网络的 iPhone3G 发布,人们可以在手机上直接浏览电脑网页、收发邮件、进行视频通话、收看直播等，人类正式步入移动多媒体时代。

2013年12月，工信部在其官网上宣布向中国移动、中国电信、中国联通颁发"LTE/第四代数字蜂窝移动通信业务(TD-LTE)"经营许可，也就是4G牌照。至此，移动互联网进入了一个新的时代。4G是在3G基础上发展起来的、采用更加先进的通信协议的第四代移动通信网络。对于用户而言，2G、3G、4G网络最大的区别在于传速速度不同，4G网络作为新一代通信技术，在传输速度上有着非常大的提升，理论上网速度是3G的50倍，实际体验也在10倍左右，上网速度可以媲美20M家庭宽带。如今4G已经像"水电"一样成为我们生活中不可缺少的基本资源。微信、支付宝等手机应用成为生活中的必需，我们无法想象离开手机的生活。由此，4G使人类进入了移动互联网的时代。

随着移动通信系统带宽和能力的增加，移动网络的速率也飞速提升，从2G时代的每秒10 kbit，发展到4G时代的每秒1 Gbit，足足增长了10万倍。历代移动通信的发展，都以典型的技术特征为代表，同时诞生出新的业务和应用场景。而5G将不同于传统的几代移动通信，5G不再由某项业务能力或者某个典型技术特征所定义，它不仅是更高速率、更大带宽、更强能力的技术，而且是一个多业务多技术融合的网络，更是面向业务应用和用户体验的智能网络，最终打造以用户为中心的信息生态系统。5G将渗透到未来社会的各个领域，5G将使信息突破时空限制，提供极佳的交互体验，为用户带来身临其境的信息盛宴，如虚拟现实；5G将拉近万物的距离，通过无缝融合的方式，便捷地实现人与万物的智能互联。5G将为用户提供光纤般的接入速率，"零"时延的使用体验，千亿设备的连接能力，超高流量密度、超高连接数密度和超高移动性等多场景的一致服务，业务及用户感知的智能优化，同时将为网络带来超百倍的能效提升和超百倍的成本降低，最终实现"信息随心至，万物触手及"。

3. 移动通信网络的发展现状

第五代移动通信系统(5G)最早于2012年初开始规划，国际电信联盟于2015年6月完成了对5G愿景、业务需求和关键能力的研究，2017年正式发布5G关键技术指标。2019年6月6日，工信部向三大电信运营商发布5G商用牌照，标志着中国正式开始5G商用建设。

5G移动通信性能全面升级，应用体验多样化。相比4G网络，5G网络在各个方面都有了显著提升。5G网络的频谱效率提升了3倍，时延从10毫秒降低为1毫秒，连接密度提升至10的6次方个每平方千米，流量密度提升至10兆比特每平方米，用户体验速率提升10倍，峰值速率提升20倍。

国际标准化组织3GPP定义了5G网络的三大应用场景：eMBB、mMTC、URLLC。eMBB是增强型移动宽带业务，是指在现有移动宽带业务场景的基础上，对用户体验等性能的进一步提升，主要还是追求人与人之间极致的通信体验。mMTC和URLLC则是物联网的应用场景，但各自侧重点不同：mMTC为高海量机器通信业务，主要是人与物之间的信息交互，URLLC则为高可靠低时延通信业务，主要体现物与物之间的通信需求。5G网络管控能力更强，具有更好的业务支撑能力，相比4G网络而言，它具有低时延、高带宽、高连接密度的优点。5G网络具有网络切片功能，可以更有效地将空闲的基站计算资源进行合理的划分，并且通过在上层应用和基础网络设施之间加入一个控制层，将设备的控制功能和转发功能分离，使得硬件通用化。因此5G网络具有灵活的网络资源管理模式和更强的业务支撑能力。由于5G信号是高频段的，穿透性弱，对基站数量的要求较高，因此其覆盖成本较高。

MIMO 对 5G 系统容量与速率需求起到重要支撑作用。MIMO 即多进多出(multiple input multiple output),通过在发送端和接收端都使用多根天线的方式,在收发之间构成多个信道的天线系统。MIMO 利用多径效应来改善通信质量,在 MIMO 系统中,收发双方使用多副可以同时工作的天线进行通信,对 5G 系统容量和速率需求起到重要支撑。

4. 移动通信网络的发展特点

纵观移动通信网络的发展历史,不难看出,移动通信网络的发展特点主要有宽带化、综合化、多网融合、信息容量扩大化、自适应通信网络。

在宽带化方面,人们对带宽的需求是逐渐增长的,2G 时代移动通信技术的传输速率仅为 9.6 kbit/s,3G 时代增长到 2 Mbit/s,4G 时代则是 100 Mbit/s,5G 时代已经达到 200 Mbit/s,这些都说明移动通信技术的高宽带化。而随着人们对通信的要求不断增多,移动通信技术必须朝着综合化发展,接入核心网的方式由固定接入发展为无线本地接入和移动蜂窝接入。而无线通信协议则加速了无线数据的发展,促进了综合化和融合化。用户在使用移动通信时,不仅要求其满足通信和信息需求,更要求其能够提供娱乐等业务,这些要求归结体现为数据信息、语音信息和视频信息的多媒体整合和多网融合。在移动通信网络的发展历程中,为解决多用户问题,移动通信技术又呈现出信息容量扩大化。容量扩大化要求实现多用户的识别,同时能够实现智能动态分配资源的功能。因此,自适应通信网络也是移动通信网络的发展特点。

5. 移动通信网络的发展趋势

第六代移动通信系统(6G)的研究开始于 2018 年,美国、中国和芬兰相继于 2018 年开始研究 6G 相关技术。2019 年,芬兰奥卢大学发布全球首部 6G 白皮书,同年,中国、韩国等国家成立 6G 研究中心,日本于 2020 年确立 6G 主要技术的战略目标。

星地一体融合组网,通信网络三维立体"泛在覆盖"。星地一体融合组网是指通过地面无线与卫星通信集成,将卫星通信整合到移动通信网络,实现全球无缝覆盖的一种组网方式。相比于 5G,6G 的峰值传输速度可以达到 1 Tbps;通信延时可达到 0.1 毫秒,是 5G 的十分之一;连接设备密度达到 10 的七次方每平方千米,是 5G 的 10 倍;在定位精度方面,6G 可以实现室内定位精度 10 厘米,室外 1 米,相比 5G 提高 10 倍。

引入太赫兹通信技术,满足超大带宽与超高传输速率。6G 网络引入了太赫兹通信技术,太赫兹(THz)波是指频率在 0.1~10 THz(波长为 3000~30 μm)的电磁波,这种电磁波具有量子能量低、瞬时带宽等特点。用于通信时,太赫兹可以拥有 10 Gb/s 的无线传输速度,特别是卫星通信,由于在外太空,近似真空的状态下,可比当前的超宽带技术快几百至一千多倍,有望实现超大带宽与超高传输速率。

预计 2030 年有望实现 6G 大规模商业化,智赋万物是重要特征。移动通信系统大约每 10 年更新迭代一次,6G 预计在 2028 年完成标准制定并开始小规模的商业化,有望在 2030 年实现大规模商业化。6G 网络助力实现真实物理世界与虚拟数字世界的深度融合,构建万物智联、数字孪生的全新世界,包括沉浸式云 XR、全息通信、感官互联、智慧交互、通信感知、普惠智能、数字孪生、全域覆盖等全新业务有望在人民生活、社会生产、公共服务等领域得到深入应用。

5.3 核心概念

5.3.1 连接

1. 连接方式

(1) 对等网。

定义:在网络中,计算机是同等的,计算机能够访问网络中其他用户所提供的资源,也能为网络中其他计算机提供资源。对等网常被称为工作组(workgroup),如图 5.4 所示。

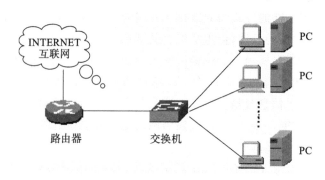

图 5.4 对等网连接示意图

特点:简单、低廉的个人计算机互联方法。

适用:如果网络连接的用户数比较少,且要共享的数据、资源不多,用对等网就可以了。

优点:成本低,实现方便;不必额外购买专用的服务器主机。

缺点:增加了提供共享资源的计算机的负担,数据备份和查找较难,需要记住大量的密码。

(2) 客户机/服务器(C/S)。

适用:组建大型网络,提供大量的资源和网络服务。

优点:提供对资源的集中控制,更易查找。

缺点:需要专用的服务器硬件和网络操作系统。

服务器:实际上是一台处理能力比较强的计算机,服务器上运行的是网络操作系统(network operating system,NOS)。网络中可以包含不同类型的、具有专门用途的服务器,如 Web 服务器、打印服务器、邮件服务器等。

服务器操作系统:运行在服务器上的操作系统。常见的有 Unix、Linux、Windows sever 2000,一台服务器可以同时运行多个服务器软件。

客户机:网络中,能够享用服务器所提供服务的计算机。

C/S 连接示意图如图 5.5 所示。

2. 网络中的连接设备

(1) 中继器(repeater)。

定义:中继器是网络物理层上面的连接设备,如图 5.6 所示。

功能:中继器是一种解决信号传输过程中放大信号的设备,它是网络物理层的一种介质连

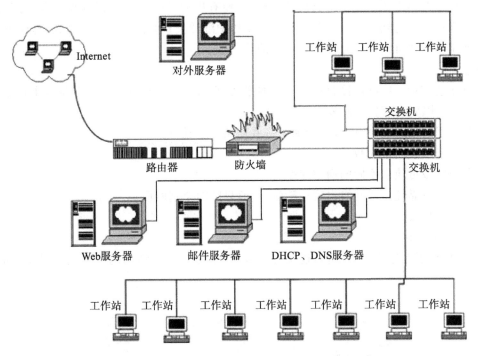

图 5.5 C/S 连接示意图

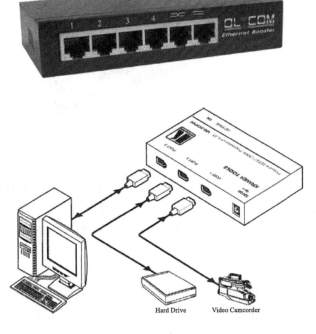

图 5.6 中继器

接设备。信号在网络传输介质中有衰减和噪声,使有用的数据信号变得越来越弱,为了保证有用数据的完整性,并能够在一定范围内传送,要用中继器把接收到的弱信号放大,与原数据保持相同。使用中继器可以使信号传送到更远的距离。

优点:

①过滤通信量。中继器接收一个子网的报文,只有当报文是发送给中继器所连的另一个子网时,中继器才转发,否则不转发。

②扩大了通信距离,但代价是增加了一些存储转发延时。

③增加了节点的最大数目。

④各个网段可使用不同的通信速率。

⑤提高了可靠性。当网络出现故障时,一般只影响个别网段。

⑥性能得到改善。

(2)集线器(hub)。

定义:集线器是作为网络中枢,连接各类节点,以形成星状结构的一种网络设备,如图5.7所示。

图 5.7 集线器

作用:集线器虽然连接多个主机,但不是交换设备,它面对的是以太网的帧。它的工作就是将在一个端口收到的以太网的帧,向其他的所有端口进行广播(也有可能进行链路层的纠错)。由集线器连接而成的网络只能是一个局域网段,而且集线器的进出口是没有区别的。

优点:在不计较网络成本的情况下,网络内所有的设备都用集线器进行连接可以减少网络响应时间,让网络利用率达到最高。

(3)交换机(switcher)。

定义:交换机是网络节点上话务承载装置、交换设备、控制信令设备以及其他功能单元的集合体。交换机能把用户线路、电信电路和(或)其他需要互连的功能单元根据单个用户的请求连接起来,如图5.8所示。

功能:交换机的主要功能包括物理编址、网络拓扑结构、错误校验、帧序列以及流控。目前

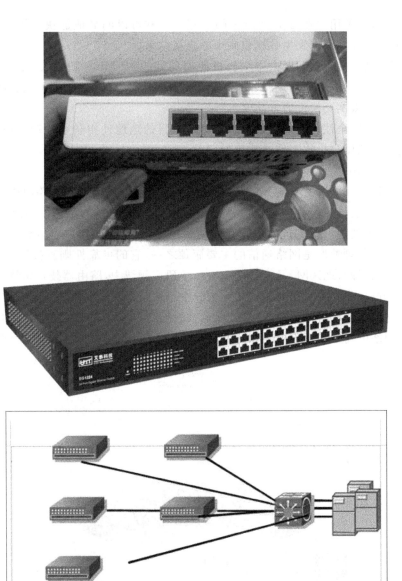

图 5.8 交换机

交换机还具备了一些新的功能,如对 VLAN(虚拟局域网)的支持、对链路汇聚的支持,有的还具有防火墙的功能。

优点:

①扩展了传统以太网的带宽。每个以太网交换机的端口对用户提供专用的 10 Mb/s 的带宽,由交换机所提供的端口数目可以灵活有效地分配带宽,也可以由以太网交换机提供 100 Mb/s 的快速以太网端口,用以连接高速率的服务器和网络干线 LAN 段,以进一步提高网络性能。

②加快网络响应时间。在以太网交换机端口上,可以由少数几个用户共享同一个 10 Mb/s

的带宽,甚至只有一个用户独占 10 Mb/s 的带宽。这样可以明显地加快网络的响应速度。这是减少甚至消除了在网络上发生数据包碰撞的直接结果。

③部署和安装的费用低。以太网交换机使用现有的 10 Mb/s 的以太网电缆布线(一般可以使用第 3 类 UTP),原有的网络接口卡、集线器和软件得以保留,保护了原有网络投资,在因特网中加进一台以太网交换机通常简便可行。

④提高网络的安全性。交换机只对和数据包的目的地地址相联系的端口送出单点传送的数据包,其他地址的用户接收不到通信信号。

(4)路由器(router)。

定义:路由器是互联网的主要节点设备,如图 5.9 所示。路由器通过路由决定数据的转发,转发策略称为路由选择(routing),这也是路由器名称的由来。作为不同网络之间连接的枢纽,路由器系统构成了基于 TCP/IP 的国际互联网络的主体脉络,也可以说,路由器构成了 Internet 的骨架。它的处理速度是网络通信的主要瓶颈之一,它的可靠性则直接影响着网络互连的质量。因此,在园区网、地区网,乃至整个 Internet 研究领域中,路由器技术始终处于核心地位,其发展历程和方向,成为整个 Internet 研究的一个缩影。在我国网络基础建设和信息建设方兴未艾之际,探讨路由器在因特网中的作用、地位及发展方向,对于国内的网络技术研究、网络建设,以及明确网络市场上关于路由器和网络互连的各种似是而非的概念,都有重要的意义。

图 5.9 路由器

作用:路由器的一个作用是连通不同的网络,另一个作用是选择信息传送的线路。选择通畅、快捷的线路,能大大提高通信速度,减轻网络系统通信负荷,节约网络系统资源,提高网络系统畅通率,从而让网络系统发挥出更大的效益。

3. 网络拓扑结构

网络拓扑结构是指网络中通信线路和站点(计算机或设备)的几何排列形式。

(1)星形网络拓扑结构(见图5.10):各站点通过点到点的链路与中心站相连。特点是很容易在网络中增加新的站点,数据的安全性和优先级容易控制,易实现网络监控,但中心节点的故障会引起整个网络瘫痪。

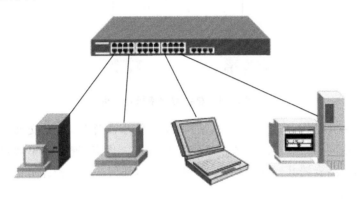

图 5.10 星形网络拓扑结构

(2)环形网络拓扑结构(见图5.11):各站点通过通信介质连成一个封闭的环形。环形网络容易安装和监控,但容量有限,网络建成后,难以增加新的站点。

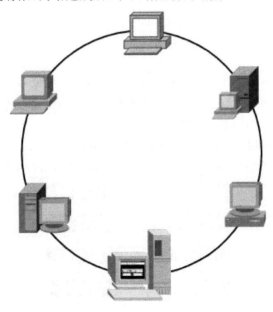

图 5.11 环形网络拓扑结构

(3)总线型网络拓扑结构(见图5.12):网络中所有的站点共享一条数据通道。总线型网络安装简单方便,需要铺设的电缆较短,成本较低,某个站点的故障一般不会影响整个网络,但介质的故障会导致网络瘫痪。总线型网络安全性低,监控比较困难,增加新站点也不如星形网络容易。

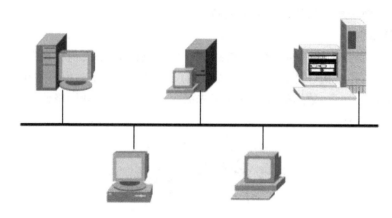

图 5.12　总线型网络拓扑结构

（4）树形网络拓扑结构：这是一种层次结构，结点按层次连接，信息交换主要在上下结点之间进行，相邻结点或同层结点之间一般不进行数据交换。优点：连接简单，维护方便，适用于汇集信息的要求。缺点：资源共享能力较低，可靠性不高，任何一个工作站或链路出现故障都会影响整个网络的运行。

（5）网状拓扑结构：又称作无规则结构，结点之间的连接是没有规律的。这种结构的系统可靠性高，比较容易扩展，但是结构复杂，每一结点都与多点进行连接，因此必须采用路由算法和流量控制方法。目前广域网基本上采用网状拓扑结构。

5.3.2　协议

1. 七层模型

七层模型也称为 OSI（open system interconnection）参考模型，是国际标准化组织（ISO）制定的一个用于计算机或通信系统间互联的标准体系。它是一个七层的、抽象的模型体，不仅包括一系列抽象的术语或概念，也包括具体的协议。

OSI 中的上面 4 层（应用层、表示层、会话层、传输层）为高层，定义了程序的功能；下面 3 层（网络层、数据链路层、物理层）为低层，主要是处理面向网络的端到端数据流（见图 5.13）。

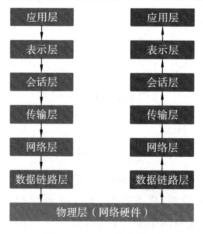

图 5.13　OSI 参考模型

(1) 应用层(application layer)。

应用层是最靠近用户的 OSI 层。这一层为用户的应用程序(例如电子邮件、文件传输和终端仿真)提供网络服务。

应用层也称为应用实体(AE),它由若干个特定应用服务元素(SASE)和一个或多个公用应用服务元素(CASE)组成。每个 SASE 提供特定的应用服务,例如文件传输访问和管理(FTAM)、文电处理系统(MHS)、虚拟终端协议(VAP)等。CASE 提供一组公用的应用服务,例如联系控制服务元素(ACSE)、可靠运输服务元素(RTSE)和远程操作服务元素(ROSE)等。应用层主要负责对软件提供接口,以使程序能使用网络服务。

(2) 表示层(presentation layer)。

表示层负责数据的表示、压缩和加密,可确保一个系统的应用层所发送的信息被另一个系统的应用层读取。数据格式有 JPEG、ASCII、DECOIC、加密格式等。

在表示层,数据将按照网络能理解的方案被格式化,这种格式化也随所使用网络类型的不同而不同。

表示层管理数据的解密与加密,如系统口令的处理。例如:你在 Internet 上查询自己的银行账户时,使用的便是一种安全连接。你的账户数据在发送前被加密,在网络的另一端,表示层将对接收到的数据进行解密。除此之外,表示层还对图片和文件格式信息进行解码和编码。

(3) 会话层(session layer)。

会话层建立、管理、终止会话(对应主机进程,指本地主机与远程主机正在进行的会话)。这一层通过传输层(端口号:传输端口与接收端口)建立数据传输的通路,主要在你的系统之间发起会话或者接受会话请求。

会话层负责在网络中的两节点之间建立、维持和终止通信。其功能包括:建立通信链接,保持会话过程通信链接的畅通,同步两个结点之间的对话,决定通信是否被中断以及通信中断时决定从何处重新发送。

常常有人把会话层称作网络通信的"交通警察"。当你通过拨号向你的 ISP(因特网服务提供商)请求连接到因特网时,ISP 服务器上的会话层向你的 PC 客户端上的会话层进行协商连接。若你的电话线偶然从墙上的插孔脱落,终端机上的会话层将检测到连接中断并重新发起连接。会话层通过决定结点通信的优先级和通信时间的长短来设置通信期限。

(4) 传输层(transport layer)。

传输层定义传输数据的协议端口号,以及流控和差错校验。

这一层定义了一些传输数据的协议和端口号,如 TCP(传输控制协议,传输效率低,可靠性强,用于传输可靠性要求高、体量大的数据)、UDP(用户数据报协议,与 TCP 的特性恰恰相反,用于传输可靠性要求不高、体量小的数据)以及 WWW 的 80 端口等。主要是将从下层接收的数据进行分段和传输,到达目的地址后再进行重组,常常把这一层数据叫作段。传输层是 OSI 模型中最重要的一层,在传输协议的同时进行流量控制,或基于接收方可接收数据的快慢程度规定适当的发送速率。除此之外,传输层按照网络能处理的最大尺寸将较长的数据包进行强制分割。例如,以太网无法接收大于 1500 字节的数据包,则发送方结点的传输层将数据分割成较小的数据片,同时对每一数据片安排一序列号,以便数据到达接收方结点的传输层时,能以正确的顺序重组。该过程被称为排序。传输层提供的一种服务是 TCP/IP 协议套中的 TCP(传输控制协议),另一项服务是 IPX/SPX 协议集的 SPX(序列包交换)。

(5)网络层(network layer)。

网络层进行逻辑地址寻址,实现不同网络之间的路径选择。

网络层是 OSI 模型的第三层,其主要功能是将网络地址翻译成对应的物理地址,并决定如何将数据从发送方传递到接收方。网络层通过综合考虑发送优先权、网络拥塞程度、服务质量以及可选路由的花费来决定从一个网络中的结点 A 到另一个网络中的结点 B 的最佳路径。由于网络层处理并智能指导数据传送,而路由器连接网络各段,因此路由器属于网络层。在网络中,"路由"是基于编址方案、使用模式以及可达性来指引数据的发送的。

网络层负责在源机器和目标机器之间建立它们所使用的路由。这一层本身没有任何错误检测和修正机制,因此,网络层必须依赖于端端之间的由 DLL 提供的可靠传输服务。

网络层用于本地 LAN 网段之上的计算机系统建立通信,它之所以可以这样做,是因为它有自己的路由地址结构,这种结构与第二层机器地址是分开的。这种协议称为路由或可路由协议。路由协议包括 IPX 以及 Apple Talk。

网络层是可选的,它只用于当两个计算机系统处于由路由器分割开的不同网段的情况,或者当通信应用要求某种网络层或传输层提供的服务、特性或者能力时。对于两台主机处于同一个 LAN 网段的直接相连的情况,它们之间的通信只使用 LAN 的通信机制就可以了(即 OSI 参考模型的一、二层)。

(6)数据链路层(datalink layer)。

数据链路层具有建立逻辑连接、进行硬件地址寻址、差错校验等功能。数据链路层的协议包括 SDLC、HDLC、PPP、STP、帧中继等,定义了如何让格式化数据以帧为单位进行传输,以及如何控制对物理介质的访问。这一层通常还提供错误检测和纠正,以确保数据的可靠传输。

数据链路层是 OSI 模型的第二层,它控制网络层与物理层之间的通信,主要用来在不可靠的物理线路上实现数据的可靠传输。为了保证传输,从网络层接收到的数据被分割成特定的、可被物理层传输的帧。帧是用来移动数据的结构包,它不仅包括原始数据,还包括发送方和接收方的物理地址以及检错和控制信息。其中地址确定了帧将发送到何处,而纠错和控制信息确保帧无差错到达。如果在传送数据时,接收点检测到所传数据中有差错,就要通知发送方重发这一帧。数据链路层的功能独立于网络和它的结点和所采用的物理层类型,它也不关心是否正在运行 Word、Excel 或使用 Internet。有一些连接设备(如交换机)要对帧解码,并使用帧信息将数据发送到正确的接收方,所以它们是工作在数据链路层的。

(7)物理层(physical layer)。

物理层负责建立、维护、断开物理连接(由底层网络定义协议)。这一层主要定义物理设备标准,如网线的接口类型、光纤的接口类型、各种传输介质的传输速率等。它的主要作用是传输比特流(就是由 1、0 转化为电流强弱来进行传输,到达目的地后再转化为 1、0,也就是我们常说的数模转换与模数转换)。

物理层是 OSI 模型的最低层或第一层,该层包括物理联网媒介,如电缆连线连接器。物理层的协议产生并检测电压,以便发送和接收携带数据的信号。尽管物理层不提供纠错服务,但它能够设定数据传输速率并监测数据出错率。若网络出现物理问题,如电线断开,将影响物理层。

用户要传递信息,就要利用一些物理媒体,如双绞线、同轴电缆等,但具体的物理媒体并不在 OSI 的七层之内。有人把物理媒体当作第零层,物理层的任务就是为它的上一层提供物理连接,以及确定它们的机械、电气、功能和过程特性。如规定接口所用电缆和接头的类型、传送信号的电压等。在这一层,数据还没有被组织,仅作为原始的位流或电气电压处理,单位是比特。

2. TCP/IP 四层模型

TCP/IP 与 OSI 最大的不同在于,OSI 是一个理论上的网络通信模型,而 TCP/IP 是实际运行的网络协议。

(1)网络接口。

网络接口把数据链路层和物理层放在一起,对应的网络协议主要有 Ethernet、FDDI 和能传输 IP 数据包的任何协议。

(2)网际层。

网际层协议管理离散的计算机间的数据传输,如 IP 协议为用户和远程计算机提供了信息包的传输方法,确保信息包能正确地到达目的机器。这一过程中,IP 和其他网际层的协议共同用于数据传输,如果没有使用一些监视系统进程的工具,用户是看不到系统里的 IP 的。网络嗅探器是能看到这些过程的一个装置(它可以是软件,也可以是硬件),它能读取通过网络发送的每一个包,即能读取发生在网际层的任何活动,因此网络嗅探器会对安全造成威胁。重要的网际层协议包括 ARP(地址解析协议)、ICMP(Internet 控制消息协议)和 IP 协议(网际协议)等。

(3)传输层。

传输层提供应用程序间的通信功能,包括格式化信息流与提供可靠传输。为实现后者,传输层协议规定接收端必须发回确认信息,如果分组丢失,必须重新发送。传输层包括 TCP(transmission control protocol,传输控制协议)和 UDP(user datagram protocol,用户数据报协议),它们是传输层中最主要的协议。TCP 建立在 IP 之上,定义了网络上程序到程序的数据传输格式和规则,提供了 IP 数据包的传输确认、丢失数据包的重新请求、将收到的数据包按照它们的发送次序重新装配的机制。TCP 协议是面向连接的协议,类似于打电话,在开始传输数据之前,必须先建立明确的连接。UDP 也建立在 IP 之上,但它是一种无连接协议,两台计算机之间的传输类似于传递邮件——消息从一台计算机发送到另一台计算机,两者之间没有明确的连接。UDP 不保证数据的传输,也不提供重新排列次序或重新请求的功能,所以说它是不可靠的。虽然 UDP 的不可靠性限制了它的应用场合,但它比 TCP 具有更好的传输效率。

(4)应用层。

应用层位于协议栈的顶端,它的主要任务是应用,一般是可见的。如利用 FTP(文件传输协议)传输一个文件,请求一个和目标计算机的连接,在传输文件的过程中,用户和远程计算机交换的一部分是能看到的。常见的应用层协议有 HTTP、FTP、Telnet、SMTP 和 Gopher 等。应用层是 TCP/IP 四层模型中最关键的一层。TCP/IP 四层模型和 OSI 七层模型对应表如表 5.1 所示。

表 5.1 TCP/IP 四层模型和 OSI 七层模型对应表

OSI 七层模型	TCP/IP 四层模型	对应网络协议
应用层	应用层	TFTP、FTP、NFS、WAIS
表示层		Telnet、Rlogin、SNMP、Gopher
会话层		SMTP、DNS
传输层	传输层	TCP、UDP
网络层	网际层	IP、ICMP、ARP、RARP、AKP、UUCP
数据链路层	网络接口	FDDI、Ethernet、Arpanet、PDN、SLIP、PPP
物理层		IEEE 802.1A、IEEE 802.2 到 IEEE 802.11

5.3.3 接口

接口指的是网络设备的各种接口,我们现今正在使用的网络接口都为以太网接口。常见的以太网接口类型有 RJ-45 接口、RJ-11 接口、SC 光纤接口、FDDI 接口、AUI 接口、BNC 接口、Console 接口。

1. RJ-45 接口

RJ-45 接口是现在最常见的网络设备接口,俗称"水晶头",属于双绞线以太网接口类型(见图 5.14)。RJ-45 接口只能沿固定方向插入,插头上设有一个塑料弹片与 RJ-45 插槽卡住,以防止脱落。

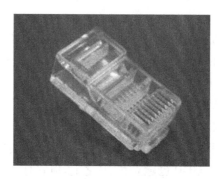

图 5.14 RJ-45 接口

这种接口在 10Base-T 以太网、100Base-TX 以太网、1000Base-TX 以太网中都可以使用,传输介质都是双绞线。另外,根据带宽的不同,对介质也有不同的要求,特别是连接 1000Base-TX 千兆以太网时,至少要使用超五类线,要保证稳定高速的话还要使用六类线。

2. SC 光纤接口

SC 光纤接口在 100Base-TX 以太网时代就已经得到了应用,不过当时由于性能并不比双绞线突出,而成本却较高,因此没有得到普及。现在业界大力推广千兆网络,SC 光纤接口也重新受到了重视。

光纤接口类型很多,SC 光纤接口主要用于局域网交换环境,在一些高性能的千兆交换机和路由器上提供了这种接口(见图 5.15),它与 RJ-45 接口看上去很相似,不过 SC 接口显得更扁些。两者的主要区别还在于里面的触片,如果是 8 条细的铜触片,则是 RJ-45 接口;如果是一根铜柱,则是 SC 光纤接口。

3. FDDI 接口

FDDI 是目前成熟的 LAN 技术中传输速率最高的一种,具有定时令牌协议的特性,支持多种拓扑结构,传输媒体为光纤(见图 5.16)。

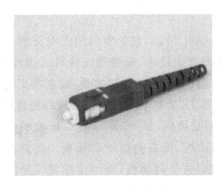
图 5.15　SC 光纤接口

图 5.16　FDDI 接口

光纤分布式数据接口(FDDI)是美国国家标准化组织(ANSI)制定的在光缆上发送数字信号的一组协议。FDDI 使用双环令牌,传输速率可以达到 100 Mbps。

CCDI 是 FDDI 的一种变型,它采用双绞铜缆为传输介质,数据传输速率通常为 100 Mbps。FDDI-2 是 FDDI 的扩展协议,支持语音、视频及数据传输,是 FDDI 的另一个变种,称为 FDDI 全双工技术(FFDT),它采用与 FDDI 相同的网络结构,但传输速率可以达到 200 Mbps。

FDDI 使用光纤作为传输媒体,具有容量大、传输距离长、抗干扰能力强等多种优点,常用于城域网、校园环境的主干网、多建筑物网络分布的环境,因此 FDDI 接口在网络骨干交换机上比较常见。现在随着千兆网络的普及,一些高端的千兆交换机上也开始使用这种接口。

4. AUI 接口

AUI 接口专门用于连接粗同轴电缆,早期的网卡上有这样的接口,与集线器、交换机相连组成网络,现在一般用不到了。

AUI 接口是一种"D"型 15 针接口(见图 5.17),之前在令牌环网或总线型网络中使用,可以借助外接的收发转发器(AUI-to-RJ-45)实现与 10Base-T 以太网络的连接。

图 5.17　AUI 接口

5. BNC 接口

BNC 接口是专门用于与细同轴电缆连接的接口,细同轴电缆也就是我们常说的"细缆"。它最常见的应用是分离式显示信号接口,即采用红、绿、蓝和水平、垂直扫描频率分开输入显示器的接口,减小信号之间的干扰。

现在 BNC 接口基本上已经不再使用于交换机,只有一些早期的 RJ-45 以太网交换机和集线器上还提供少数 BNC 接口。

6. console 接口

可进行网络管理的交换机上一般都有一个 console 接口,它是专门用于对交换机进行配置和管理的(见图 5.18)。通过 console 接口连接并配置交换机,是管理交换机必须经过的步骤。因为其他配置方式往往需要借助于 IP 地址、域名或设备名称才可以实现,而新购买的交换机显然不可能有这些内置参数,所以 console 接口是最常用、最基本的交换机管理和配置接口。

图 5.18 console 接口

不同类型的交换机,其 console 接口所处的位置并不相同,有的位于前面板,而有的位于后面板。通常模块化交换机的 console 接口位于前面板,而固定配置交换机的位于后面板。在该接口的上方或侧方会有"CONSOLE"字样的标识。除位置不同之外,console 接口的类型也有所不同,绝大多数交换机都采用 RJ-45 接口,但也有少数采用 DB-9 串行接口或 DB-25 串行接口。无论交换机采用 DB-9 或 DB-25 串行接口,还是采用 RJ-45 接口,都需要通过专门的 console 线连接至计算机的串行口。与交换机不同的 console 接口相对应,console 线也分为两种:一种是串行线,即两端均为串行接口(两端均为母头),可以分别插入计算机的串口和交换机的 console 接口;另一种是两端均为 RJ-45 接头(RJ-45 to RJ-45)的扁平线。由于扁平线两端均为 RJ-45 接口,无法直接与计算机串口进行连接,因此,必须同时使用一个 RJ-45 to DB-9(或 RJ-45 to DB-25)的适配器。

7. CE1/PRI 接口

CE1/PRI 接口有两种工作方式:E1 工作方式(也称为非通道化工作方式)和 CE1/PRI 工作方式(也称为通道化工作方式)。

当 CE1/PRI 接口使用 E1 工作方式时,它相当于一个不分时隙、数据带宽为 2 Mbps 的接口,其逻辑特性与同步串口相同,支持 PPP、帧中继、LAPB 和 X.25 等数据链路层协议,支持 IP 和 IPX 等网络协议。

当 CE1/PRI 接口使用 CE1/PRI 工作方式时,它在物理上分为 32 个时隙,对应编号为 0~31,其中 0 时隙用于传输同步信息。该接口有两种使用方法:CE1 接口和 PRI 接口。

当该接口作为 CE1 接口使用时,可以将除 0 时隙外的全部时隙任意分成若干组(channel set),每组时隙捆绑以后作为一个接口使用,其逻辑特性与同步串口相同,支持 PPP、帧中继、LAPB 和 X.25 等数据链路层协议,支持 IP 和 IPX 等网络协议。

当该接口作为 PRI 接口使用时,时隙 16 被作为 D 信道来传输信令,因此只能从除 0 和 16 时隙以外的时隙中随意选出一组时隙作为 B 信道,将它们同 16 时隙捆绑在一起,作为一个接口使用。其逻辑特性与 ISDN PRI 接口相同,支持 PPP 数据链路层协议,支持 IP 和 IPX 等网络协议,可以配置 DCC 等参数。

5.3.4 承载

1. EPS 承载架构

EPS 承载架构如图 5.19 所示。

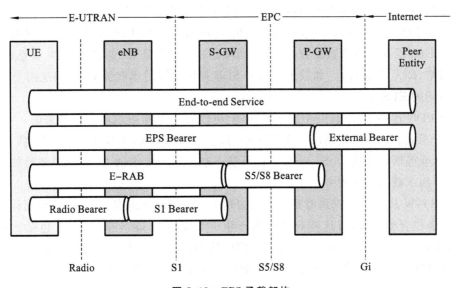

图 5.19 EPS 承载架构

端到端的服务可以分为 EPS 承载和外部承载,EPS 承载又包括 E-RAB 和 S5、S8 承载,而 E-RAB 分为无线承载和 S1 口承载。

2. 承载的概念

由于 EPS 的接入网结构更加扁平化,即由 UMTS 的 RNC 和 NodeB 两个节点简化到只有 eNodeB 一个节点,从而在 QoS 的结构上也有所变化。演进系统的 QoS 结构相比 UMTS 进行了简化。同时由于希望更好地实现"永远在线",在 QoS 中也引入了默认承载等新概念。

EPS 的 QoS 在核心网主要是将 IP QoS 映射到承载的 QoS 等级标识(QoS class identifier, QCI)上;在接入网主要是将 S1 接口上传输的 QCI 对应到 eNodeB 应执行的 QCI 特征上。

EPS 承载指为在 UE 和 PDN 之间提供某种特性的 QoS 传输保证,分为默认承载和专用承载。

默认承载:一种满足默认 QoS 的数据和信令的用户承载。默认承载随着 PDN 连接的建立而建立,随着 PDN 连接的拆除而销毁。它为用户提供永久在线的 IP 传输服务。

专用承载:专用承载是在 PDN 连接建立的基础上建立的,是为了提供某种特定的 QoS 传输需求而建立的(默认承载无法满足的需求)。一般情况下,专用承载的 QoS 比默认承载的 QoS 要求高。专用承载在 UE 关联了一个 UL 业务流模板(traffic flow template, TFT),在 PDN GW 关联了一个 DL TFT,TFT 中包含业务数据流的过滤器,而这些过滤器只能匹配符合某些准则的分组。

GBR 承载:与保证比特速率(guaranteed bit rate, GBR)承载相关的专用网络资源,在承载建立或修改过程中通过例如 eNodeB 的接纳控制等功能永久分配给某个承载。这个承载在比特速率上要求能够保证不变。若不能保证一个承载的速率不变,则该承载为 Non-GBR 承载。

对同一用户同一链接而言,专用承载可以是 GBR 承载,也可以是 Non-GBR 承载。而默认承载只能是 Non-GBR 承载。专用承载和默认承载共享一条 PDN 连接(UE 地址和 PDN 地址),也就是说,专用承载一定是在默认承载建立的基础上建立的,二者必须绑定。

一个 EPS 承载是 UE 和 PDN GW 间的一个或多个业务数据流(service data flow,SDF)的逻辑聚合。在 EPC/E-UTRAN 中,承载级别的 QoS 控制是以 EPS 承载为单位进行的。即映射到同一个 EPS 承载的业务数据流,将受到同样的分组转发处理(如调度策略、排队管理策略、速率调整策略、RLC 配置等)。如果想对两个 SDF 提供不同的承载级 QoS,则这两个 SDF 需要分别建立不同的 EPS 承载。

在一个 PDN 连接中,只有一个默认承载,但可以有多个专用承载。一般来说,一个用户最多建立 11 个承载。每当 UE 请求一个新的业务时,S-GW/PDN GW 将从 PCRF 收到 PCC 规则,其中包括业务所要求的 QoS。如果默认承载不能提供所要求的 QoS,则需要另外的承载服务,即建立专用承载以提供服务。

MME/S-GW 从 PCEF 收到需要传输的端到端业务的详细内容,并可将具有同样业务级别的端到端业务组合到一起,对这些业务级别产生一个聚合的 QoS 描述(至少包括比特速率)。每个 SAE,承载业务都会给 eNodeB 传送一个相应的 QoS 描述。当一个端到端业务正在启动、终止或修改时,MME/UPE 接收到相关的信息,则更新聚合的 QoS 描述并将它转发给 eNodeB。

LTE 和 MME/S-GW 一样,都执行端到端业务 IP 流到 SAE 承载服务的映射。

在下行方向,eNodeB 根据 SAE 承载业务的聚合 QoS 描述处理 IP 分组。在上行方向,eNodeB 依据承载业务的聚合 QoS 描述管辖每个 IP 分组。

5.3.5 蜂窝网络

蜂窝网络又称移动网络,是一种移动通信硬件架构,把移动电话的服务区分为一个个正六边形的子区,每个小区设一个基站,形成了形状酷似"蜂窝"的结构。蜂窝网络分为两种:①模拟蜂窝网络系统。把通信总频率段分为若干个频点,然后把每个频点分配给一个用户使用。该系统中用户使用频率是固定的,且为模拟信号传输,因此极易被盗打,保密性较差。②数字蜂窝网络系统。通信时间分为若干个时帧,每个时帧又分为若干个时隙,然后给每个用户分配不同的时隙。该系统中用户使用频率是不固定的,且为数字化信号传输,因此保密性较好。

简单来说,蜂窝网络被广泛采用是因为一个数学结论,三个半径相同的圆两两相交,以圆心为顶点的三角形是正三角形且正三角形边长是圆半径的 $\sqrt{3}$ 倍时,圆域的面积最大,相交部分最小。这是三个圆两两相交面积最大的极限情况,也就是说,在这种情况下,三个圆构成的无缝拓扑面积为最大。即以相同半径的圆形覆盖平面,当圆心处于正六边形网格的各正六边形中心,也就是当圆心处于正三角网格的格点时所用圆的数量最少。因此出于节约设备构建成本的考虑,正三角网格(或者也称为简单六角网格)是最好的选择。这样形成的网络覆盖在一起,形状非常像蜂窝,因此被称作蜂窝网络(见图 5.20)。

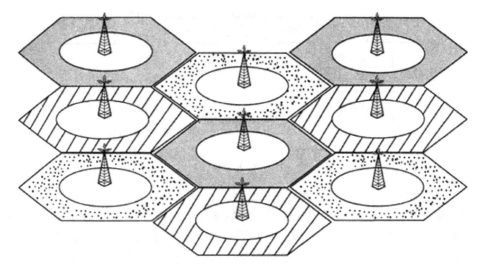

图 5.20 蜂窝网络示意图

5.4 典型应用

5.4.1 从手机如何打通电话说起

下面以最普通的 GSM 呼叫为例进行阐述。首先了解我们需要用到的网络设备及网络架构。

MS：手机。

BTS：基站，类比为公交车站。

BSC：基站控制中心，可以理解为公交枢纽中心，不断有人到达或离去，具有调度指挥所有公交车的能力。

BSC+BTS 合称 BSS，即基站子系统，也就是公交系统。

MSC/VLR：移动交换中心/访问位置寄存器。在现实网络中，这两个功能体是集成在同一个物理实体中的。可以理解为你目前居住地的街道办，以及给你发暂住证的派出所。

HLR：归属位置寄存器，可以理解为你户口所在地的派出所。

将打电话类比为：一个"有暂住证但是出行受到当地派出所管制的"青年，在当地派出所的允许和协助下，坐公交车去找另一个"有暂住证但是出行同样受到当地派出所管制的"好朋友玩耍的艰辛历程。

1. 接入阶段

接入阶段流程图如图 5.21 所示。

当用户输入被叫号码并按下拨打按钮后：

（1）MS 在 RACH（随机接入信道，顾名思义，大家都可以接入这个信道）向 BSS 发送信道请求消息，申请一个 SDCCH（专用信道，只有你一个人用的信道）。

（2）BSS 立即指配信道，并且在 AGCH（接入允许信道）通过立即分配消息通知 MS 为其分

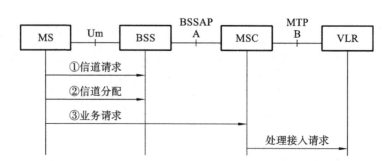

图 5.21 接入阶段流程图

配的 SDCCH,MS 与 BSS 之间建立起固定的连接。

(3)MS 通过刚分配的 SDCCH 发送 CM 消息(业务请求消息),MSC 通知 VLR 处理该接入请求,这一阶段完成后 MS 和 BSS 建立起暂时固定的连接。可以理解为你上了一辆公交车,且给你分配了一个专用座位,你坐上这个专用座位后,到了街道办/派出所,并提出要出门玩耍的申请,希望得到批准。

2. 鉴权加密阶段

鉴权加密阶段流程图如图 5.22 所示。

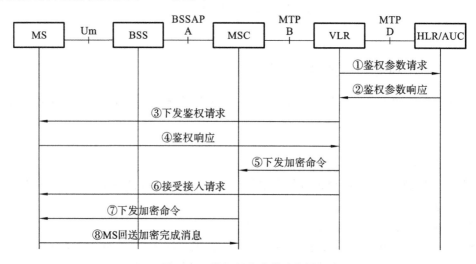

图 5.22 鉴权加密阶段流程图

(1)VLR 向主叫 HLR/AUC 发送鉴权参数请求;
(2)HLR 回送鉴权参数;
(3)VLR 按 MSC→BSC→MS 的顺序下发鉴权请求;
(4)MS 利用 SIM 卡中的 IMSI 和鉴权算法得出鉴权结果,回送鉴权结果给 VLR;
(5)VLR 核对鉴权结果,鉴权成功后 VLR 向 MSC 下发加密命令;
(6)VLR→MSC→BSC→MS,接入请求已通过;
(7)MSC 向 MS 下发加密命令;
(8)MS 回送加密完成消息。

这一阶段完成后,主叫用户的身份得到确认,系统认为主叫是一个合法用户,允许处理该呼叫。可以理解为街道办/派出所收到你的出行申请后,马上联系了你户口所在地的派出所,请求他们核实你的信息,将你提供的信息与你户口所在地的派出所提供的信息进行对比,信息一致后,给予放行。

3. TCH(业务信道)指配阶段

业务信道指配阶段流程图如图 5.23 所示。

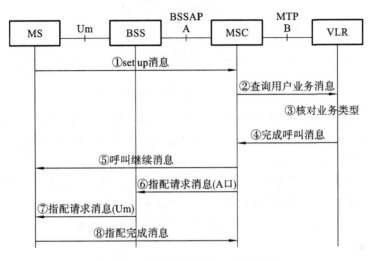

图 5.23 业务信道指配阶段流程图

(1) MS 向 MSC 发送 set up 消息(携带被叫号码、主叫标识);
(2) MSC 收到 set up 消息后,向 VLR 查询该用户业务类型;
(3) VLR 核对用户请求业务类型和开户时申请业务信息,决定呼叫是否继续;
(4) 若可以继续,VLR 通过完成呼叫消息向 MSC 回送用户数据;
(5) MSC 通过呼叫继续消息,通知 MS 呼叫正在处理中;
(6) 根据 A 口电路情况,MSC 向 BSC 发送指配请求消息,选定 A 口电路;
(7) BSC 向 BTS、MS 指配空中接口无线资源;
(8) MS 占用成功后,回送 BSS、MSC 指配完成消息。

该阶段的完成标志着空中接口无线资源和 A 接口电路均成功分配。可以理解为你告知了街道办/派出所你要找的那个好朋友的信息,之后街道办/派出所让你回家等,不久,派出所告诉你他们快要查出你朋友的所在地了,让你先出门,等你到派出所时,他们就可以查到了,并且给你指配了公交路线以及座位,你成功赶上了这趟公交并坐到这个座位上。

4. 被叫漫游号码阶段

被叫漫游号码阶段流程图如图 5.24 所示。

(1) MSC 分析被叫号码,寻址到被叫 HLR,发送路由信息请求消息;
(2) HLR 找到被叫所在的 VLR,请求被叫漫游号码;
(3) VLR 收到请求漫游号码消息后,为被叫分配漫游号码 MSRN,回送漫游号码给 HLR;
(4) HLR 发送路由信息响应消息(携带被叫漫游号码)给 MSC;
(5) MSC 对被叫漫游号码的路由信息进行分析,得到被叫号码所在的局向,向其发送 IAI (带有附加信息的初始地址消息)。

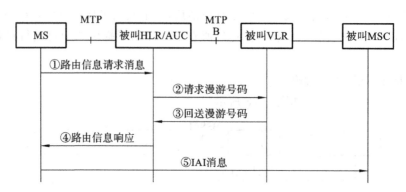

图 5.24 被叫漫游号码阶段流程图

该阶段可以理解为,你所在地的街道办/派出所根据你刚才提供的信息联系到了你好朋友户口所在地的派出所,并向他们请求协助,要求得到你好朋友现在的居住地址。在联系好朋友居住地的街道办/派出所后,好朋友户口所在地的派出所将好朋友的位置发给你所在地的街道办/派出所。另外,好朋友所在地的街道办/派出所知道了他即将有客来访,准备好了他的档案,并开始等你到达。随后,你所在地的派出所又给你指配了路线、座位、目的地,你的公交车又出发了,不过这次可能是长途大巴。你最终到了好朋友所在地的派出所。

5. 被叫接入阶段

被叫接入阶段流程图如图 5.25 所示。

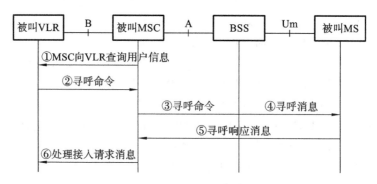

图 5.25 被叫接入阶段流程图

(1)被叫 MSC 收到 IAI 后,向 VLR 查询被叫用户信息;
(2)VLR 查询该用户未关机而且允许接收呼叫,VLR 向 MSC 发送寻呼命令消息(含被叫位置区号 LAI);
(3)MSC 查询控制该位置的 BSC,并下发寻呼命令;
(4)BSC 通知所控制的 BTS 在寻呼信道 PCH 下发寻呼消息;
(5)MS 一直监听 PCH,收到寻呼自身消息后,在随机接入信道 RACH 向 MSC 发送寻呼响应消息;
(6)MSC 向 VLR 发送处理接入请求消息。

该阶段可以理解为你到了好朋友所在地的派出所后,派出所说你要找的人确实在我们这,你稍等,然后查到好朋友的地址在某某小区,马上开启了该小区的高音喇叭,开始广播找人。你的好朋友听力正常,在确定找的人就是他之后,马上回答:"我在呢!"

6. 被叫鉴权加密阶段

被叫鉴权加密阶段流程图如图 5.26 所示。

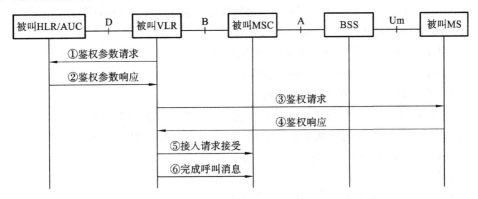

图 5.26　被叫鉴权加密阶段流程图

(1) VLR 向被叫 HLR/AUC 发送鉴权参数请求；
(2) 被叫 HLR 向 VLR 回送鉴权参数响应(鉴权三参数)；
(3) VLR 按 MSC—BSC—MS 的顺序下发鉴权请求；
(4) MS 利用 SIM 卡中的 IMSI 和鉴权算法得出鉴权结果,回送鉴权结果给 VLR；
(5) VLR 核对鉴权结果；
(6) 鉴权成功后,VLR 向 MSC 下发接入请求接受消息；
(7) VLR 通过完成呼叫消息向 MSC 回送用户信息。

该阶段可以理解为好朋友所在地的街道办\派出所严格执法,向好朋友户口所在地的派出秘请求核实好朋友信息,核实无误后,发放了通关文牒。

7. 被叫 TCH(业务信道)指配阶段

被叫 TCH(业务信道)指配阶段流程图如图 5.27 所示。

图 5.27　被叫 TCH(业务信道)指配阶段流程图

(1) MSC 收到呼叫完成消息后,向 BSS、MS 发送 set up 消息,提示将建立呼叫;
(2) MS 向 MSC 回送呼叫证实消息;
(3) MSC 选择相应 A 口电路,向 BSC 发送指配请求消息(含 A 口电路);
(4) BSC 向 BTS、MS 指配空中接口无线资源;
(5) MS 占用成功后,回送 BSS、MSC 指配完成消息;
(6) MS 开始振铃,同时向 MSC 回振铃消息;
(7) 被叫 MSC 向主叫 MSC 回地址全消息;
(8) 主叫 MSC 向主叫 MS 发送被叫振铃消息,此时主叫听到回铃音;
(9) 被叫按接听键,手机翻译此动作为 connect 消息,向被叫 MSC 发送;
(10) 被叫 MSC 向主叫 MSC 发送应答消息;
(11) 主叫 MSC 向主叫 MS 发送连接建立请求消息;
(12) 主叫 MS 向主叫 MSC 回送连接证实消息;
(13) 主叫连接证实消息经被叫 MSC 回送至被叫 MS,通话开始。

该阶段可以理解为你的好朋友回答了寻人广播后,派出所马上通知你的好朋友,即将给他指配公交路线、座位。之后你的好朋友成功上了车并坐到了座位上,到了派出所。你的好朋友到达派出所后,表示现在万事俱备,可以在亲切友好的气氛下和你谈话了。

5.4.2 手机通信过程

1. 手机硬件结构

手机的内部结构可分为射频处理部分、逻辑/音频部分以及输入/输出接口部分,其中逻辑/音频部分包括逻辑处理和音频处理两个方面的内容。下面将介绍手机这三部分的作用。

(1) 射频处理部分。

手机射频是接收、发送和处理高频无线电波的功能模块。手机射频部分由射频接收和射频发送两部分组成,其主要电路包括天线、无线开关、接收滤波、频率合成器、高频放大、接收本振、混频、中频、发射本振、功放控制、功放等。

(2) 音频处理部分。

音频处理部分分为发送音频处理和接收音频处理两个过程。其中发送音频处理过程是将来自送话器的话音信号经音频放大集成模块放大后进行 A/D 变换、话音编码、信道编码、调制,最后送到射频发射部分进行下一步的处理。而接收音频处理过程是将从中频输出的 RXI、RXQ 信号送到调制解调器进行解调,之后进行信道解码、D/A 变换,再送到音频放大集成模块进行放大,最后,用放大的音频信号去推动听筒发声。

(3) 逻辑处理部分。

手机射频、音频部分及外围的显示、听音、送语、插卡等部分均是在逻辑控制的统一指挥下完成其各自功能。

(4) 输入/输出部分。

输入/输出部分在维修中主要指显示、按键、振铃、听音、送话、卡座等部分,有时也称为界面部分。

2. 手机系统的组成

手机系统主要由移动电话、基地站系统、移动业务交换中心、运行维护中心四部分组成。

用户在使用手机通信的过程中,首先手机把语言信号变换成电信号传输到移动通信网络中的基地台,然后由基地台把代表语言的电信号变成电磁频谱,通过距地面高度 3600 km 的通信卫星辐射漫游传送到受话人的电信网络中,最后受话人的通信设备接收到无线电波,转换成语言信号,如图 5.28 所示。

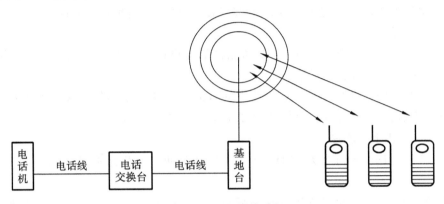

图 5.28 手机通信过程

基于手机通信的原理,用户可以经过系统的基地台发射电磁波与接收电磁波来实现通话,这意味着,我们不管走到哪里,都可以手持手机,与城市电话网的所有用户及本系统移动电话用户进行通话。从上述手机通信过程可以看出:手机通信系统是一个开放的电子通信系统,只要有相应的接收设备,就能够截获任何时间、任何地点、任何人的通话信息。

3. 移动电话的工作过程

移动电话的工作过程可分为开机入网、用户登记和用户被呼叫三个过程,其中用户被呼叫可分为呼叫寻找、寻呼响应和建立连接三个阶段。

(1) 呼叫寻找。主叫人拨出一个被叫电话号码,移动业务交换中心将被叫号码转换为移动电话识别码,在基地站通过控制信道发出呼叫信息。

(2) 寻呼响应。用户一旦从基地站的下行控制信道上收到自己的电话识别码,就通过随机接入信道向基地站发出响应信号,基地站收到该信息后将传给移动通信交换中心,根据信息中心的位置登记信号,可确定移动电话所处无线小区的位置。

(3) 建立连接。移动业务交换中心通过允许接入信令为移动电话指配一个独立的专用控制信道,建立起能识别的移动用户身份通道和各种数据,最后由控制系统给移动电话分配一个业务信道。

5.4.3 手机上网流程

1. 相关设备介绍

HSS:负责用户数据库的访问及接入控制。

SGSN:主要完成分组数据包的路由转发、移动性管理、会话管理、逻辑链路管理、鉴权和加密、话单产生和输出等工作。

GGSN:主要起网关作用,可以连接多种不同的数据网络,具备 PDP 上下文激活、PDP 上下文修改、用户认证、地址翻译和映射、封装和隧道传输等功能。

WAP:负责建立用户代理与 MMS 中继服务器的数据访问通道,支持多媒体信息的发送、接收、通知等操作。

CG：计费网关，负责话单收集、合并、预处理工作，并完成同计费中心之间的通信接口。

DNS：负责域名解析等工作，其中手机上网业务的域名解析由 GGSN 负责。

RADIUS：负责用户认证等工作，手机上网业务的用户认证由 GGSN 负责。

MME：类似于 2G/3G 核心网 SGSN 设备控制面功能，主要负责接入控制、移动性管理、会话管理和路由选择等工作。

S-GW：LTE 核心网的服务网关，主要功能包括用户在 3GPP 网间/网内切换的锚定点、数据路由转发、寻呼触发、合法监听等。

P-GW：PDN 网关，相当于 2G/3G 网络中的 GGSN，主要功能包括承载控制、UE 的 IP 地址分配、上下行传输层的分组标记、计费、QoS 控制、非 3GPP 接入等。

2. 2G/3G 手机上网流程

2G/3G 手机上网流程可分为 CMWAP 和 CENET 两种承载方式，下面简要介绍一下这两种方式。

(1)CMWAP 方式：手机发起附着请求后，归属 BSC 或 RNC 通过 PS 域 CE 连接到 SGSN，SGSN 通过 HSS 鉴权用户是否合法，附着成功后用户发起 PDP 激活过程，通过 GGSN 进行 PDP 上下文激活，分配 IP 地址，之后通过 WAP 网关连接到外部网络。

(2)CENET 方式：手机发起附着请求后，归属 BSC 或 RNC 通过 PS 域 CE 连接到 SGSN，SGSN 通过 HSS 鉴权用户是否合法，附着成功后用户发起 PDP 激活过程，之后通过 GGSN 进行 PDP 上下文激活，分配 IP 地址，连接到 CMNET 省网设备，然后在省网设备中进行分析判断，若是省内资源则通过 IDC 接口和外网连接(例如 10 开头的网段)，若是非省内资源则通过骨干出口和外网连接，而家庭宽带、WAN、部分专线业务通过第三方出口和外网连接。

3. 4G 手机上网流程

4G 手机上网流程和 2G/3G 上网流程相比，主要的变化在于接入层和核心层设备。4G 手机上网流程如图 5.29 所示。

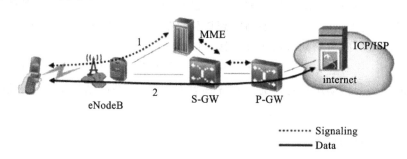

图 5.29　4G 手机上网流程图

(1)虚线表示部分：用户发出附着请求后，由归属的 eNodeB 通过省干 PTN 和 MME 连接，MME 通过 HSS 完成对用户的鉴权，完成到 MME 的注册，之后 MME 会为用户选择一个服务网关(S-GW)和 PDN 网关(P-GW)，服务网关(S-GW)负责信令和数据的处理，PDN 网关(P-GW)会给手机分配一个 IP 地址，当一切准备就绪之后，MME 会发接收消息给手机。

(2)实线表示部分：手机使用由核心网分配的 IP 地址和提供的服务接入外部网络。

5.4.4 宽带无线接入技术

1. 宽带接入方式简述

虽然"宽带"这一词频频出现在各大媒体上,但很少有人对它进行准确的定义。宽带是相对传统拨号上网而言的,尽管目前没有统一标准规定宽带的带宽应达到多少,但依据大众习惯和网络多媒体数据流量考虑,网络的数据传输速率至少应达到 256 kbps 才能称为宽带,其最大优势是带宽远远超过 56 kbps 的拨号上网方式。

传统的拨号上网已无法满足多种网络应用的需求,而宽带以更高的数据传输速率给我们带来了异常丰富的体验。随着互联网应用的不断丰富,我们越发体会到拥有足够网络带宽和网络易用性的重要性。为了获取互联网上丰富的资源,在公司或者家庭安装宽带已经成为一种必要的趋势。目前国内宽带接入主要由中国移动、中国电信和中国联通三大运营商提供。其中每一个运营商均会提供各种形式的套餐,选择一款合适的宽带接入是每一个宽带安装用户需要考虑的问题。

2. 宽带接入方式类别

目前大家可考虑的宽带接入方式主要包括三种——电信 ADSL、FTTX+LAN(小区宽带)和 CABLE MODEM(有线通)。这三种宽带接入方式在安装条件、所需设备、数据传输速率和相关费用等方面都有很大不同,直接决定了不同的宽带接入方式适合不同的用户选择。

接入方法 1:电信 ADSL。

ADSL 全称为 Asymmetric Digital Subscriber Line,即非对称数字用户线路。为方便大众记忆,各地电信局在宣传 ADSL 时常会采用一些通俗的名字,如"超级一线通""网络快车"等,其实这些都指的是同一种宽带方式。在安装便利性方面,电信 ADSL 无疑拥有得天独厚的优势。ADSL 可直接利用现有的电话线路,通过 ADSL MODEM 进行数字信息传输。因此,凡是安装了电信电话的用户都具备安装 ADSL 的基本条件,用户可到当地电信局查询该电话号码是否可以安装 ADSL,若得到肯定答复后便可申请安装。在传输速率方面,ADSL 的最大理论上行速率可达到 1 Mbps,下行速率可达 8 Mbps。值得注意的是,这里的传输速率指的是用户独享带宽,因此,不必担心多家用户在同一时间使用 ADSL 会造成网速变慢的问题。

接入方法 2:FTTX+LAN(小区宽带)。

目前 FTTX+LAN(小区宽带)是大中城市较普及的一种宽带接入方式,网络服务商采用光纤接入到楼(FTTB)或小区(FTTZ),再通过网线接入用户家,为整幢楼或小区提供共享带宽。当前国内有许多家公司提供此类宽带接入方式,如网通、联通和电信等。在安装条件方面,该宽带接入通常由小区出面申请安装,网络服务商不受理个人服务。这种接入方式对用户设备要求最低,只需一台带 10/100 Mbps 自适应网卡的电脑即可。在传输速率方面,绝大多数小区宽带均为 50 Mbps 共享带宽,这意味着,如果在同一时间上网的用户较多,网速则较慢。即便如此,多数情况下,平均下载速度仍远远高于电信 ADSL,在速度方面占有较大优势。

接入方法 3:CABLE MODEM(有线通)。

CABLE MODEM(有线通)也称"广电通",与前面两种方式不同,它直接利用现有的有线电视网络,稍加改造,便可利用闭路线缆的一个频道进行数据传送,而不影响原有的有线电视信号传送,其理论传输速率可达到上行 10 Mbps、下行 40 Mbps。但国内开通有线通的城市不多,主要集中在上海和广州等大城市,用户在安装有线通之前,需询问当地有线网络公司是否可开通有线通服务。除此之外,还需要一台 Cable MODEM 和一台带 10/100 Mbps 自适应网卡的电脑,其娱乐性不如小区宽带。

这三种主流的宽带接入方式各有特点,用户应根据需求进行选择。一般来讲,用户需求可分为以下几类:①需下载大量多媒体资料、数据文件;②需长时间玩在线游戏;③无特别偏好,普通网络应用都可能尝试;④需架设网站、FTP 服务器或游戏服务器。

一般而言,宽带速率越高,上传或下载的速度就越快,浏览网页或下载文件的时间越短,用户体验就越好,但价格也越高。用户在选择宽带产品时,应该综合考虑宽带服务的性价比,结合自己常用的应用,选择适合自己的速率。

5.4.5 无线通信技术

1. 无线通信的概念

无线通信(wireless communication)是利用电磁波信号可以在自由空间中传输的特性来进行信息交换的一种通信方式。近些年来,在信息通信领域中,发展最快、应用最广的就是无线通信技术。在移动中实现的无线通信又称为移动通信。人们把二者合称为无线移动通信。

2. 热点技术

(1) 4G。

4G 即第四代移动电话行动通信标准,指的是第四代移动通信技术。该技术包括 TD-LTE 和 FDD-LTE 两种制式。4G 集 3G 与 WLAN 于一体,并能够快速传输数据、音频、视频和图像等。4G 能够以 100 Mbps 以上的速度下载,并能够满足几乎所有用户对无线服务的要求。此外,4G 可以在 DSL 和有线电视调制解调器没有覆盖的地方部署,再扩展到整个地区。很明显,4G 拥有 3G 无法比拟的优越性。

(2) ZigBee 技术。

ZigBee 技术主要用于无线个域网(WPAN),是基于 IEEE802.15.4 无线标准研制开发的技术,是一种介于 RFID 和蓝牙技术之间的技术提案,主要应用在短距离并且数据传输速率不高的各种电子设备之间。ZigBee 协议比蓝牙、高速率个人区域网或 802.11x 无线局域网更简单实用,可以认为是蓝牙的同族兄弟。

(3) WLAN 与 Wi-Fi/WAPI。

WLAN(无线局域网)是一种借助无线技术取代以往有线布线方式构成局域网的新手段,可提供传统有线局域网的所有功能,是计算机网络与无线通信技术相结合的产物。它是通用无线接入的一个子集,支持较高传输速率,利用射频无线电或红外线,借助直接序列扩频(DSSS)或跳频扩频(FHSS)、GMSK、OFDM 等技术,以及超宽带(UWB)技术,实现固定、半移动及移动的网络终端对 Internet 网络进行较远距离的高速连接访问。目前,WLAN 的速率仍然较低,主要适用于手机、掌上电脑等小巧的移动终端。1997 年 6 月,IEEE 推出了 802.11 标准,开创了 WLAN 标准的先河。WLAN 领域现在主要有 IEEE802.11x 系列与 HiperLAN/x 系列两种标准。

Wi-Fi 的全称为 wireless fidelity。作为一种无线联网技术,Wi-Fi 早已得到了业界的关注。Wi-Fi 终端涉及手机、电脑、平板电视、数码相机、投影机等众多产品。目前,Wi-Fi 网络已应用于家庭、企业以及公众热点区域,其中在家庭中的应用是较贴近人们生活的一种应用方式。Wi-Fi 网络能够很好地实现家庭范围内的网络覆盖,适合充当家庭中的主导网络,家里其他具备 Wi-Fi 功能的设备,如电视机、影碟机、数字音响、数码相机等,都可以通过 Wi-Fi

网络这个传输媒介,与后台的媒体服务器、电脑等建立通信连接,实现整个家庭的数字化与无线化,使人们的生活变得更加方便与丰富。目前,除了用户自行购置 Wi-Fi 设备建立家庭无线网络外,运营商也在大力推进家庭网络覆盖。比如,中国电信的"我的 E 家",将 Wi-Fi 功能加入家庭网关中,与有线宽带业务绑定。今后 Wi-Fi 的应用领域还将不断扩展,在现有的家庭网、企业网和公众网的基础上向自动控制网络等众多新领域发展。

WAPI 是 WLAN authentication and privacy infrastructure 的缩写。WAPI 作为我国首个在计算机宽带无线网络通信领域自主创新的安全接入技术标准,能有效阻止无线局域网中不符合安全条件的设备进入网络,也能避免用户的终端设备访问不符合安全条件的网络,实现了"合法用户访问合法网络"。基于 WAPI 安全技术的无线网络本身所蕴含的"可运营、可管理"等优势,已被以中国移动、中国电信为代表的极具专业能力的运营商积极挖掘并推广、应用,运营市场对 WAPI 的应用进一步促进了其他行业市场和消费者关注并支持 WAPI。

(4) 短距离无线通信(蓝牙、RFID、IrDA)。

蓝牙(Bluetooth)技术实际上是一种短距离无线电技术。利用蓝牙技术,能够有效地简化掌上电脑、笔记本电脑和手机等移动通信终端设备之间的通信,也能够成功地简化以上设备与因特网之间的通信,从而使这些现代通信设备与因特网之间的数据传输变得更加快速高效,进而为无线通信拓宽道路。蓝牙采用分散式网络结构以及快跳频和短包技术,支持点对点及点对多点通信,工作在全球通用的 2.4GHz ISM(即工业、科学、医学)频段,其数据速率为 1Mbps,采用时分双工传输方案实现全双工传输。蓝牙技术可免费使用,在现今社会中的应用范围相当广泛。

RFID 是 radio frequency identification 的缩写,即射频识别。射频识别技术是一项利用射频信号通过空间耦合(交变磁场或电磁场)实现无接触信息传递,并通过所传递的信息达到识别目的的技术。目前 RFID 产品的工作频率有低频(125~134 kHz)、高频(13.56 MHz)和超高频(860~960 MHz),不同频段的 RFID 产品有不同的特性。射频识别技术被广泛应用于工业自动化、商业自动化、交通运输控制管理、防伪等众多领域,例如沃尔玛、TESCO、麦德龙超市都在它们的供应链上应用了 RFID 技术。将来超高频的产品会得到大量的应用。

IrDA 是一种利用红外线进行点对点通信的技术,是第一个实现无线个人局域网(PAN)的技术。目前其软硬件技术都很成熟,在小型移动设备,如 PDA、手机上广泛使用。事实上,当今每一个出厂的 PDA 及许多手机、笔记本电脑、打印机等产品都支持 IrDA。IrDA 的主要优点是无须申请频率的使用权,因而红外通信成本低廉。它还具有移动通信所需的体积小、功耗低、连接方便、简单易用的特点;且由于数据传输率较高,适于传输大容量的文件和多媒体数据。此外,红外线发射角度较小,传输安全性高。IrDA 的不足在于它是一种视距传输,2 个相互通信的设备之间必须对准,中间不能被其他物体阻隔,因而该技术只能用于 2 台(非多台)设备之间的连接(蓝牙就没有此限制,且不受墙壁的阻隔)。IrDA 目前的研究方向是解决视距传输问题及提高数据传输率。

(5) WiMAX。

WiMAX 全称为 World Interoperability for Microwave Access,即全球微波接入互操作系统,可以替代现有的有线和 DSL 连接方式,来提供最后一千米的无线宽带接入,其技术标准为 IEEE 802.16,其目标是促进 IEEE 802.16 的应用。相比其他无线通信系统,WiMAX 的主要优势体现在具有较高的频谱利用率和传输速率上,因而它的主要应用是宽带上网和移动数据业务。

(6)超宽带(UWB)技术。

UWB(ultra-wideband)技术是一种无载波通信技术,利用纳秒至微秒级的非正弦波窄脉冲传输数据。通过在较宽的频谱上传送极低功率的信号,UWB 能在 10 米左右的范围内实现数百兆比特每秒至数吉比特每秒的数据传输速率。UWB 具有抗干扰性能强、传输速率高、带宽极宽、消耗电能小、发送功率小等诸多优势,主要应用于室内通信、高速无线 LAN、家庭网络、无绳电话、安全检测、位置测定、雷达等领域。

关于 UWB 技术,应该看到,它以独特的速率以及特殊的范围,也将在无线通信领域占据一席之地。它对蓝牙技术具有一定的冲击,但对当前的移动技术、WLAN 等技术的威胁不大,反而可以成为其良好的补充。

5.5 进一步学习

5.5.1 LTE 技术概述

LTE(long term evolution,长期演进)是 3G 与 4G 技术之间的一个过渡,是 3.9G 的全球标准,它增强了 3G 的空中接入技术,采用 OFDM 和 MIMO 作为其无线网络演进的唯一标准,为降低用户面延迟,取消了无线网络控制器(RNC),采用扁平网络结构。LTE 在 20 MHz 频谱带宽下能提供下行 100 Mbit/s 与上行 50 Mbit/s 的峰值速率,能改善小区边缘用户的性能,提高小区容量和降低系统延迟。

5.5.2 LTE 网络的分析

1. LTE 网络架构的背景

3GPP 组织在 2004 年 11 月启动了长期演进过程 LTE(long term evolution)以实现 3G 技术向 4G 的平滑过渡。3GPP 计划的目标是:更高的数据速率、更低的延时、改进的系统容量和覆盖范围,以及较低的成本。LTE 对空口和接入网的技术指标包括:

(1)峰值数据速率,下行达到 100 Mbit/s,上行达到 50 Mbit/s。

(2)提高频谱效率(达到 Release 6 的 2~4 倍)。

(3)接入网时延(用户平面 UE-RNC-UE)不超过 10 ms。

(4)减小控制平面时延,UE 从待机状态到开始传输数据时延不超过 100 ms(不包括下行寻呼时延)。

为了实现这一目标,除了要考虑空中接口技术的演进之外,还需要考虑网络体系结构的改进。对无线接入网网络架构的研究就是要找出最优的网络结构并考虑介入网内以及接入网与核心网之间的功能划分,以期望实现更高的数据速率、更低的时延。

2. LTE 网络架构的需求

(1)单一网络结构。

(2)基于分组业务的网络架构,支持实时以及会话类业务。

(3)尽可能不通过增加额外的回程开销来最小化"单点失败(single points of failure)"的出现机会。

(4)尽可能简化和最小化引入的接口数目。

(5) 如果需要提高系统性能,不排除无线网际层(RNL)与传输网际层之间的交互。
(6) 支持端到端的 QoS。传输网际层向无线网际层提供适当的 QoS。
(7) QoS 机制需要考虑存在的多种业务类型,保证有效的带宽使用率,控制平面业务,用户平面业务,以及 Q&M 业务。
(8) 最小化时延抖动,比如针对分组通信的 TCP/IP。

3. LTE 网络整体结构

LTE 采用扁平化、IP 化的网络结构,E-UTRAN 用 E-NodeB 替代原有的 RNC-NodeB 结构,各网络节点之间的接口使用 IP 传输,通过 IMS 承载综合业务,原 UTRAN 的 CS 域业务均可由 LTE 网络的 PS 域承载。其中,E-UTRAN 由 eNB 构成;EPC(evolved packet core)由 MME(mobility management entity)、S-GW(serving gateway)以及 P-GW(PDN gateway)构成。相对 UMTS 的网络结构而言,LTE 网络结构进行了大幅度简化。

5.5.3 EPC 核心网架构

1. EPC 核心网架构的发展背景

随着移动宽带网络向 LTE 演进,在 LTE 的演进和运营中,如何实现 2G 和 3G 网络向 LTE 的平滑演进,如何实现现有网络和新建网络的互通,如何向用户提供一致的业务,成为运营商的焦点。在此需求下,3GPP 在关注无线接入网演进的同时,也开展了分组核心网构架的演进工程,并将其定义为 EPC。作为与 LTE 同步发展的技术,EPC 的构架更加符合未来移动通信网络的发展需要,能够在提升网络性能的同时,满足用户日益增长的业务需求,从而进一步提升运营商的竞争力。

2. EPC 核心网架构的特征

(1) 控制面与用户面完全分离,网络趋向扁平化。
(2) 支持 3GPP 与非 3GPP(如 Wi-Fi、WiMAX 等)的多种方式的接入,并支持用户在 3GPP 网络和非 3GPP 网络之间的漫游和切换。
(3) 核心网中不再有电路域,EPC 成为移动电信业务的基本承载网络。

3. EPC 核心网架构中各网元的功能

(1) MME。

MME(mobility management entity,移动管理设备)提供了用于 LTE 接入网络的主要控制,包括寻呼、安全控制、核心网的承载控制以及终端在空闲状态的移动性控制等。它跟踪负责身份验证、移动性,以及与传统接入网络具有互通性的用户设备(UE)。MME 还支持合法的信号拦截,主要体现在处理移动性管理,包括存储 UE 控制面上下文(UEID、状态、跟踪区等)、移动性管理,鉴权和密钥管理,信令的加密、完整性保护,管理和分配用户临时 ID。MME 的其他功能包括空闲模式 UE 的可达性,NAS 信令及安全,认证,漫游跟踪区列表管理,3GPP 接入网络之间核心网节点之间的移动性信令,承载管理功能(包括专用承载的建立)等。

(2) S-GW。

S-GW(signaling gateway,服务网关)负责 UE 用户平面数据的传送、转发和路由切换等,还可作为 LTE 和其他 3GPP 技术的移动性锚点。S-GW 还提供面向 E-UTRAN 的接口,连接 NO.7 信令网与 IP 网的设备。SGW 的其他功能包括:切换过程中,进行数据的前转;上下行传输层数据包的分类标示;在网络触发建立初始承载过程中,缓存下行数据包;在漫游时,实现基于 UE、PDN 和 QCI 粒度的上下行计费;数据包的路由和转发;合法性监听。

(3) P-GW。

P-GW(packet data networks gateway,分组数据网网关)管理用户设备(UE)和外部分组数据网络之间的连接。一个 UE 可以与访问多个 PDN 的多个 P-GW 同步连接。P-GW 为每个用户进行数据包过滤、计费支持、合法拦截和数据包筛选。分组数据网网关也是推动对处理器和带宽性能增加需求的关键网络元素。P-GW 的主要功能是 UE IP 地址分配、基于每个用户的数据包过滤、深度包检测(DPI)和合法拦截。P-GW 的其他功能还有上下行传输层数据包的分类标示,上下行服务级增强,对每个 SDF 进行策略和整形,上下行服务级的门控,合法性监听等。

5.5.4 5G 无线网络架构及关键技术

1. 5G 无线网络架构

5G 弥补了 4G 技术的不足,在数据速率、连接数量、时延、移动性、能耗等方面进一步提升了系统性能。它既不是单一的技术演进,也不是几个全新的无线接入技术,而是整合了新型无线接入技术和现有无线接入技术(WLAN、4G、3G 等),通过集成多种技术来满足不同的需求,是一个真正意义上的融合网络。5G 可以延续使用 4G、3G 的基础设施资源,并与之共存。

移动网全球漫游、无缝部署、后向兼容的特点,决定了 5G 无线网络架构的设计不可能是"从零开始"的全新架构。然而,5G 无线网络架构是一种演进,还是一种变革,取决于运营商和用户需求、产业进程、时间要求和各方博弈等多种因素。

5G 无线接入网络架构主要包括 5G 接入网和 5G 核心网,其中 NG-RAN 代表 5G 接入网,5GC 代表 5G 核心网,如图 5.30 所示。

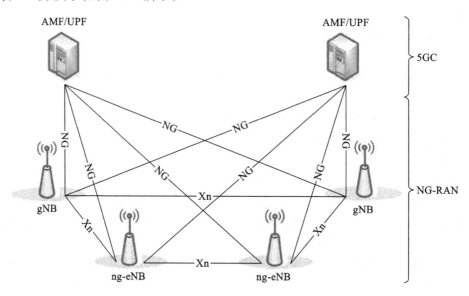

图 5.30 5G 无线接入网络架构图

5G 核心网(见图 5.31)主要包括哪些呢? 先说一下关键的 AMF、SMF、UPF。

AMF 的全称为 access and mobility management function,即接入和移动管理功能,终端接入权限和切换等由它来负责。

SMF 的全称为 session management function,即会话管理功能,提供服务连续性,服务的不间断用户体验,包括 IP 地址和/或锚点变化的情况。

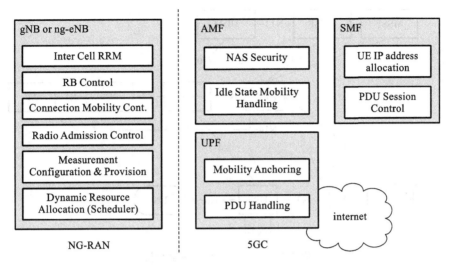

图 5.31 5G 核心网架构图

UPF 的全称为 user plane function，即用户面功能，与 UPF 关联的 PDU 会话可以由(R)AN 节点通过(R)AN 和 UPF 之间的 N3 接口服务的区域，而无须在其间添加新的 UPF 或移除/重新分配 UPF。

我们看一下 5G 的系统构架图（见图 5.32）。

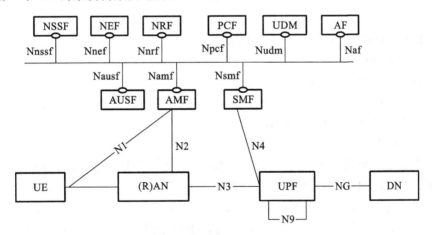

图 5.32 5G 的系统构架图

AMF/SMF/UPF 处于主体的作用（见图 5.33）。

(1) AMF 的主要功能：

接入和移动管理功能（AMF）包括以下功能。在 AMF 的单个实例中可以支持部分或全部 AMF 功能。

① 终止 RAN CP 接口（N2）。

② 终止 NAS（N1），NAS 加密和完整性保护。

③ 注册管理。

④ 连接管理。

⑤ 可达性管理。

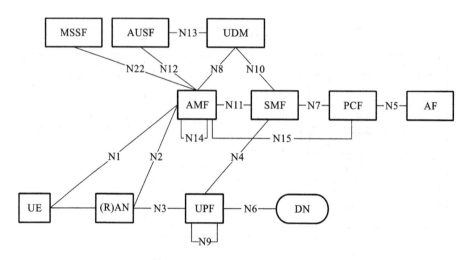

图 5.33　AMF/SMF/UPF 结构图

⑥流动性管理。

⑦合法拦截(适用于 AMF 事件和 LI 系统的接口)。

⑧为 UE 和 SMF 之间的 SM 消息提供传输。

⑨用于路由 SM 消息的透明代理。

⑩接入身份验证。

⑪接入授权。

⑫在 UE 和 SMSF 之间提供 SMS 消息的传输。

⑬安全锚功能(SEAF)。

⑭监管服务的定位服务管理。

⑮为 UE 和 LMF 之间以及 RAN 和 LMF 之间的位置服务消息提供传输。

⑯用于与 EPS 互通的 EPS 承载 ID 分配。

⑰UE 移动事件通知。

无论网络功能的数量如何,UE 和 CN 之间的每个接入网络只有一个 NAS 接口实例,终止于至少实现 NAS 安全性和移动性管理的网络功能之一。

除了上述功能之外,AMF 还可以提供以下功能以支持非 3GPP 接入网络:

①支持 N2 接口与 N3IWF。在该接口上,可以不应用通过 3GPP 接入定义的一些信息(如 3GPP 小区标识)和过程(如与切换相关),并且可以应用不适用于 3GPP 接入的非 3GPP 接入特定信息。

②通过 N3IWF 上的 UE 支持 NAS 信令。由 3GPP 接入的 NAS 信令支持的一些过程可能不适用于不可信的非 3GPP(如寻呼)接入。

③支持通过 N3IWF 连接的 UE 的认证。

④管理通过非 3GPP 接入连接或通过 3GPP 和非 3GPP 接入同时连接的 UE 的移动性,认证和单独的安全上下文状态。

⑤支持协调的 RM 管理上下文,该上下文对 3GPP 和非 3GPP 访问有效。

⑥支持针对 UE 的专用 CM 管理上下文,用于通过非 3GPP 接入进行连接。

注意:并非所有功能都需要在网络片的实例中得到支持。

(2) UPF 的主要功能:
用户面功能(UPF)包括以下功能。在 UPF 的单个实例中可以支持部分或全部 UPF 功能。
①用于 RAT 内/ RAT 间移动性的锚点(适用时)。
②外部 PDU 与数据网络互连的会话点。
③分组路由和转发。
④数据包检查(例如,基于服务数据流模板的应用程序检测以及从 SMF 接收的可选 PFD)。
⑤用户平面部分的策略规则实施,例如门控,重定向,流量转向。
⑥合法拦截(UP 收集)。
⑦流量使用报告。
⑧用户平面的 QoS 处理,例如 UL / DL 速率实施,DL 中的反射 QoS 标记。
⑨上行链路流量验证(SDF 到 QoS 流量映射)。
⑩上行链路和下行链路中的传输级分组标记。
⑪下行数据包缓冲和下行数据通知触发。
⑫将一个或多个"结束标记"发送和转发到源 NG-RAN 节点。

(3) SMF 的主要功能:
会话管理功能(SMF)包括以下功能。在 SMF 的单个实例中可以支持部分或全部 SMF 功能。
①会话管理,例如会话建立、修改和释放,包括 UPF 和 AN 节点之间的隧道维护。
②UE IP 地址分配和管理(包括可选的授权)。
③DHCPv4(服务器和客户端)和 DHCPv6(服务器和客户端)功能。
④选择和控制 UP 功能,包括控制 UPF 代理 ARP 或 IPv6 邻居发现,或将所有 ARP / IPv6 邻居请求流量转发到 SMF,用于以太网 PDU 会话。
⑤配置 UPF 的流量控制,将流量路由到正确的目的地。
⑥终止接口到策略控制功能。
⑦合法拦截(用于 SM 事件和 LI 系统的接口)。
⑧收费数据收集和支持计费接口。
⑨控制和协调 UPF 的收费数据收集。
⑩终止 SM 消息的 SM 部分。
⑪下行数据通知。
⑫AN 特定 SM 信息的发起者,经由 AMF 通过 N2 发送到 AN。
⑬确定会话的 SSC 模式。
漫游功能:
①处理本地实施以应用 QoS SLA(VPLMN)。
②计费数据收集和计费接口(VPLMN)。
③合法拦截(在 SM 事件的 VPLMN 和 LI 系统的接口)。
④支持与外部 DN 的交互,以便通过外部 DN 传输 PDU 会话授权/认证的信令。

2. 5G 关键技术
5G 关键技术总体框架如图 5.34 所示,在无线网络方面,采用更灵活、更智能的网络架构和组网技术,如采用控制与转发分离的软件定义无线网络的架构、统一的自组织网络、异构超密集部署等;在无线传输技术方面,引入能进一步挖掘频谱效率提升潜力的技术,如先进的多址接入技术、多天线技术、编码调制技术、新的波形设计技术等。

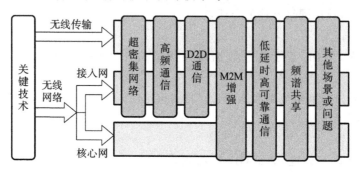

图 5.34 5G 关键技术总体框架

参 考 文 献

[1] 王映民,孙韶辉.TD-LTE 技术原理与系统设计[M].北京:人民邮电出版社,2010.
[2] 苏华鸿,孙孺石,杨孜勤,等.蜂窝移动通信射频工程[M].北京:人民邮电出版社,2005.
[3] 赵训威,林辉,张明,等.3GPP 长期演进(LTE)系统架构与技术规范[M].北京:人民邮电出版社,2010.
[4] 徐东方.LTE 网络优化技术的研究[D].江苏:南京邮电大学,2016.
[5] 岳胜,于佳,苏蕾,等.5G 无线网络规划与设计[M].北京:人民邮电出版社,2019.
[6] 朱晨鸣,王强,李新,等.5G 关键技术与工程建设[M].北京:人民邮电出版社,2020.
[7] 中国通信建设集团设计院有限公司.5G 组网与工程实践[M].北京:人民邮电出版社,2019.
[8] 刘晓峰,孙韶辉,杜忠达,等.5G 无线系统设计与国际标准[M].北京:人民邮电出版社,2019.
[9] 谢希仁.计算机网络[M].7 版.北京:电子工业出版社,2017.
[10] 全国自然科学名词审定委员会.计算机科学技术名词[M].北京:科学出版社,1994.

第6章 产　　品

产品是指能够提供给市场，被人们使用和消费，并能满足人们某种需求的东西，包括有形的物品、无形的服务、组织、观念或它们的组合。

6.1　产品基础

6.1.1　产品的定义

产品是"一组将输入转化为输出的相互关联或相互作用的活动"的结果，即"过程"的结果。在经济领域中，产品通常也可理解为组织制造的任何制品或制品的组合。产品在《现代汉语词典》当中的解释为"生产出来的物品"。

简单来说，为了满足市场需要而创建的，用于运营的功能及服务就是产品。它可以理解为向市场提供的，引起注意、获取、使用或者消费，以满足欲望或需要的任何东西，是企业想要注入顾客脑中的关于产品的一种主观意念，是用消费者的语言来表达的产品构想。

通常一个完整的产品概念由四部分组成：

(1) 消费者洞察：从消费者的角度提出其内心所关注的有关问题；

(2) 利益承诺：说明产品能为消费者提供哪些好处；

(3) 支持点：解释产品的哪些特点是怎样解决消费者所提出的问题的；

(4) 总结：用概括的语言(最好是一句话)将上述三点的精髓表达出来。

产品概念要求对消费者的产品介绍足够清楚，对消费者有足够的吸引力。从狭义上理解，产品就是被生产出的物品，是可以满足人们需求的载体。完整地看，产品是人们向市场提供的能满足消费者或用户某种需求的任何有形物品和无形服务。

需要注意的是，社会需要是不断变化的，因此，产品的品种、规格、款式也会相应地改变。新产品不断出现，产品质量不断提高，产品数量不断增加，是现代社会经济发展的显著特点。

6.1.2　产品的分类

1. 服务

服务通常是无形的，是为满足顾客的需求，供方(提供产品的组织和个人)和顾客(接受产品的组织和个人)之间在接触时的活动以及供方内部活动所产生的结果，如医疗、运输、咨询、金融贸易、旅游、教育等。服务的提供可涉及：在顾客提供的有形产品(如维修的汽车)上所完成的活动；在顾客提供的无形产品(如为准备税款申报书所需的收益表)上所完成的活动；无形产品的交付(如知识传授方面的信息提供)；为顾客创造氛围(如在宾馆和饭店)。服务特性包括安全性、保密性、环境舒适性等。

2. 软件

软件由信息组成，是通过支持媒体表达的信息所构成的一种智力创作，通常是无形产品，并可以方法、记录或程序的形式存在，如计算机程序、字典、信息记录等。

3. 硬件

硬件通常是有形产品，是不连续的、具有特定形状的产品，如电视机、元器件、建筑物、机械零部件等。其量具有计数的特性，往往用计数特性描述。

4. 流程性材料

流程性材料通常是有形产品，是将原材料转化成某一特定状态的有形产品，其状态可能是流体、气体、固体，如润滑油、布匹。其量具有连续的特性，往往用计量特性描述。

一种产品可由两个或多个不同类别的产品构成，产品类别（服务、软件、硬件或流程性材料）的区分取决于其主导成分。例如：外供产品"汽车"是由硬件（如轮胎）、流程性材料（如燃料、冷却液）、软件（如发动机控制软件、驾驶员手册）和服务（如销售人员所做的操作说明）所组成的。硬件和流程性材料经常被称为货物。产品被称为硬件还是服务，主要取决于其主导成分，例如，客运航空公司主要为乘客提供空运服务，但在飞行中也提供点心、饮料等硬件。

6.1.3　产品层次

产品包含五个基本层次：

（1）核心产品。核心产品是指向顾客提供的产品的基本效用或利益。从根本上说，每一种产品实质上都是为解决问题而提供的服务。因此，营销人员向顾客销售任何产品，都必须具有反映顾客核心需求的基本效用或利益。

（2）形式产品。形式产品是指核心产品借以实现的形式，由五个特征构成，即品质、式样、特征、商标及包装。即使是纯粹的服务，也具有类似的形式上的特点。

（3）期望产品。期望产品是指购买者在购买产品时期望得到的与产品密切相关的一整套属性和条件。

（4）延伸产品。延伸产品是指顾客购买形式产品和期望产品时附带获得的各种利益的总和，包括产品说明书、保证、安装、维修、送货、技术培训等。国内外很多企业的成功，在一定程度上归功于他们能更好地认识到服务在产品整体概念中所占的重要地位。

（5）潜在产品。潜在产品指出了现有产品可能的演变趋势和前景。

6.1.4　产品相关法律法规

（1）在中华人民共和国境内从事产品生产、销售活动，必须遵守《中华人民共和国产品质量法》。生产者、销售者依照该法规定承担产品质量责任。该法所称产品是指经过加工、制作，用于销售的产品。国务院市场监督管理部门主管全国产品质量监督工作。国务院有关部门在各自的职责范围内负责产品质量监督工作。县级以上地方市场监督管理部门主管本行政区域内的产品质量监督工作。县级以上地方人民政府有关部门在各自的职责范围内负责产品质量监督工作。

（2）国家对产品质量实行以抽查为主要方式的监督检查制度，对可能危及人体健康和人身财产安全的产品，影响国计民生的重要工业产品以及消费者、有关组织反映有质量问题的产品进行抽查。抽查的样品应当在市场上或者企业成品仓库内的待销产品中随机抽取。对依法进行的产品质量监督检查,生产者、销售者不得拒绝。

(3)消费者有权就产品质量问题,向产品的生产者、销售者查询;向市场监督管理部门及有关部门申诉,接受申诉的部门应当负责处理。保护消费者权益的社会组织可以就消费者反映的产品质量问题建议有关部门负责处理,支持消费者对因产品质量造成的损害向人民法院起诉。因产品存在缺陷造成损害要求赔偿的诉讼时效期间为二年,自当事人知道或者应当知道其权益受到损害时起计算。因产品存在缺陷造成损害要求赔偿的请求权,在造成损害的缺陷产品交付最初消费者满十年丧失;但是,尚未超过明示的安全使用期的除外。军工产品质量监督管理办法,由国务院、中央军事委员会另行制定。

6.2 核心概念

6.2.1 产品功能

产品的功能是指这个产品所具有的特定职能,即产品总体的功用或用途。产品的功能可以分为使用功能与审美功能。使用功能是指产品的实际使用价值,审美功能是利用产品的特有形态来表达产品的不同美学特征及价值取向,让使用者从内心情感上与产品取得一致和共鸣的功能。使用功能和审美功能是一件产品功能的两个方面。

6.2.2 产品开发

产品开发是指企业改进老产品或开发新产品,使其具有新的特征或用途,以满足市场需求的过程。

一般来说,企业开发新产品有两条途径:

(1)收购,即购买整家企业,以获取该企业的专利或生产他人产品的许可证。

(2)自主开发,即通过企业自己的研发部门进行新产品开发。

一个完整的新产品开发过程要经历八个阶段。

1. 创意的产生

新产品开发过程的第一个阶段是寻找产品创意,即对新产品进行设想或构思的过程。一个好的创意是新产品开发成功的关键,缺乏好的新产品创意已成为许多行业新产品开发的瓶颈。

企业通常可从企业内部和企业外部寻找新产品创意的来源。企业内部的创意来源包括研究开发人员、市场营销人员、高层管理者及其他部门人员。企业可寻找的外部创意来源有顾客、中间商、竞争对手、企业外的研究和发明人员、咨询公司、营销调研公司等。

2. 创意的筛选

创意的筛选是采用适当的评价系统及科学的评价方法,对各种创意进行分析比较,从中把最有希望的创意挑选出来的一个过程。在这个过程中,力争做到除去亏损最大和必定亏损的新产品创意,选出潜在盈利大的新产品创意。创意筛选的主要方法是建立一系列评价模型。评价模型一般包括评价因素、评价等级、权重和评价人员。其中确定合理的评价因素和给每个因素确定适当的权重是保证评价模型科学性的关键。

3. 新产品概念的发展和测试

新产品创意是企业希望提供给市场的一些可能的产品的设想。新产品创意只是为新产品开发指明了方向，必须把其转化为产品概念才能真正用于指导新产品的开发。产品概念是企业从消费者的角度对产品构思进行的详尽描述，即将产品构思具体化，描述出产品的性能、具体用途、形状、优点、外形、价格、名称等，让消费者能快速识别出新产品的特征。

4. 制定营销战略计划

针对已经形成的新产品概念制定营销战略计划是新产品开发过程的一个重要阶段。该计划将在以后的开发阶段中不断完善。

营销战略计划包括三个部分：

第一部分是描述目标市场的规模、结构和消费者行为，新产品在目标市场上的定位，市场占有率及前几年的销售额和利润目标等。

第二部分是对新产品的价格策略、分销策略和第一年的营销预算进行规划。

第三部分是描述预期的长期销售量和利润目标以及不同时期的营销组合。

5. 商业分析

商业分析的主要内容是对新产品概念进行财务方面的分析，即估计销售量、成本和利润，判断它是否满足企业开发新产品的目标。

6. 产品实体开发

产品实体开发主要解决产品创意能否转化为在技术上和商业上可行的产品这一问题。它是通过对新产品实体的设计、试制、测试和鉴定来完成的。美国国家科学基金会调查发现，新产品开发过程中的产品实体开发阶段所需的投资和时间分别占总开发总费用的30%、总时间的40%，且技术要求很高，是最具挑战性的一个阶段。

7. 新产品试销

新产品试销的目的是通过将新产品投放到有代表性的小范围目标市场进行测试，帮助企业真正了解该产品的市场前景。市场试销是对新产品的全面检验，可为新产品能否全面上市提供全面、系统的决策依据，也为新产品的改进和市场营销策略的完善提供启示。

新产品试销一般有五个步骤：

(1) 决定是否试销。并非所有的新产品都要经过试销，可根据新产品的特点及试销对新产品的利弊分析来决定。

(2) 试销市场的选择。所选择的试销市场在广告、分销、竞争和产品使用等方面要尽可能地接近新产品最终要进入的目标市场。

(3) 试销技术的选择。常用的消费品试销技术有销售波测试、模拟测试、控制性试销及试验市场试销。工业品常用的试销方法是产品使用测试，或通过商业展览会介绍新产品。

(4) 试销过程的控制。对促销宣传效果、试销成本、试销计划的目标和试销时间的控制是试销人员必须把握的重点。

(5) 试销信息资料的收集和分析。例如：消费者的试用率与重购率，竞争者对新产品的反应，消费者对新产品性能、包装、价格、分销渠道、促销发生等的反应。

8. 商品化

完成了以上的七个步骤后，才是新产品的商品化阶段的营销运作，企业应在以下几方面慎重决策：①何时推出新产品。针对竞争者的产品而言，有三种时机选择，即首先进入、平行进入和后期进入。②何地推出新产品。新产品是否推向单一的地区、一个区域、几个区域、全国市场或国际市场。③如何推出新产品。企业必须制订详细的新产品上市的营销计划，包括营销组合策略、营销预算、营销活动的组织和控制等。

6.2.3 批量生产

批量是指企业（或车间）在一定时期内，一次出产的，在质量、结构和制造方法上完全相同的产品（或零部件）的数量。

批量生产是一种生产方法，按每种产品每次投入生产的数量，分为大批量生产、中批量生产和小批量生产三种。其中大批量的生产，常导致半产品堆积在下一个生产工序，造成大量库存（包括在制品与成品）。

正确选择批量大小和合理确定间隔生产期，对提高批量生产的经济效益十分重要。相比小批量生产而言，大批量生产可以节约原材料，减少机器设备和工夹具的更换时间，可以大批购进原材料；工人能够比较长期地从事一种作业，易于提高劳动的熟练程度，因而劳动生产率较高，经济效益较好。但是，批量并不是越大越好。如果批量过大，会造成生产周期长，原材料、半成品存储量过多，从而要占用较多的资金和较大的生产面积，影响经济效益的提高。企业要经济合理地组织批量生产，必须根据社会需求、市场预测、产品成本、机器设备利用状况等多种因素来确定。确定批量生产的方法很多，最主要、最常用的有最小批量法、经济批量法和间隔生产周期法三种。

6.2.4 产品质量

产品质量是指产品满足规定需要和潜在需要的特征和特性的总和。任何产品都是为满足用户的使用需要而制造的。对于产品质量来说，不论是简单产品还是复杂产品，都应当用产品质量特性或特征去描述。产品质量特性依产品的特点而异，表现的参数和指标也多种多样。反映用户使用需要的质量特性归纳起来一般有六个方面，即性能、寿命（即耐用性）、可靠性与维修性、安全性、适应性、经济性。

产品质量指的是在商品经济范畴，企业依据特定的标准，对产品进行规划、设计、制造、检测、计量、运输、储存、销售、售后服务、生态回收等全程的必要的信息披露。

6.2.5 质量标准

产品的质量表现为不同的特性，对这些特性的评价会因为人们掌握的尺度不同而有所差异。为了避免主观因素影响，在生产、检验以及评价产品质量时，需要有一个基本的依据、统一的尺度，这就是产品的质量标准。

产品的质量标准是根据产品生产的技术要求，将产品主要的内在质量和外观质量从数量上加以规定，即对一些主要的技术参数所做的统一规定。它是衡量产品质量高低的基本依据，也是企业生产产品的统一标准。我国采用的产品质量标准有以下几类。

1. 国际标准

国际标准是指某些国际组织，如国际标准化组织（ISO）、国际电工委员会（IEC）等规定的质量标准，也可以是某些有较大影响的公司规定的并被国际组织所承认的质量标准。积极采用国际标准或国外先进标准是我国当前的一项重要技术经济政策,但不能错误地把某些产品进口检验时取得的技术参数作为国际标准或国外先进标准,这些参数只是分析产品质量的参考资料。

2. 国家标准

国家标准是在全国范围内统一使用的产品质量标准,是主要针对某些重要产品而制定的。部颁标准(行业标准)是指在全国的某一行业内统一使用的产品质量标准。

3. 企业标准

企业标准是企业自主制定,并经上级主管部门或国家标准化管理委员会审批发布后使用的标准。一切正式批量生产的产品,凡是没有国家标准、部颁标准的,都必须制定企业标准。企业可以制定高于国家标准、部颁标准的产品质量标准,也可以直接采用国际标准、国外先进标准,但企业标准不得与国家标准、部颁标准相抵触。

把产品实际达到的质量水平与规定的质量标准进行比较,凡符合或超过标准的产品称为合格品,不符合质量标准的称为不合格品。合格品按其符合质量标准的程度不同,又分为一等品、二等品等。不合格品包括次品和废品。

6.2.6 专利

专利(patent)从字面上是指专有的权利和利益。"专利"一词来源于拉丁语 litterae patentes,意思为公开的信件或公共文献,是中世纪的君主用来颁布某种特权的证明,后来指英国国王亲自签署的独占权利证书。

1474 年 3 月 19 日,威尼斯颁布了世界上第一部专利法。该法虽然比较简单,但已包括了现代专利法的基本特征和内容,因此威尼斯被认为是专利制度的发源地,威尼斯颁布的专利法被认为是现代专利法的雏形。1623 年,英国国会通过并颁布了《垄断法规》,并于 1624 年开始实施,这个法规被认为是具有现代意义的世界上第一部专利法。此后,美国、法国、荷兰、奥地利、德国、日本等国相继制定和颁布了专利法。1883 年 3 月 20 日,英国、法国、比利时、意大利、荷兰、葡萄牙和西班牙等国家在法国巴黎外交会议上签订了《保护工业产权巴黎公约》,成立了国际保护工业产权巴黎联盟。第二次世界大战后,专利制度趋向于国际化。《建立世界知识产权组织公约》《专利合作条约》《欧洲专利公约》等公约的签订,使得专利制度的国际化速度进一步加快,也促使专利制度更趋于完善。

在现代,专利一般是由政府机关或者代表若干国家的区域性组织根据申请而颁发的一种文件,这种文件记载了发明创造的内容,并且在一定时期内产生这样一种法律状态——对于获得专利的发明创造,他人在一般情况下只有经专利权人许可才能予以实施。在我国,专利分为发明、实用新型和外观设计三种类型。

6.3 典型应用

6.3.1 关于手机

从 2G 开始,手机就能从多频段检测收到的无线电波信号,并对信号进行 QoS 判别排队,选择最优信号进行通信,并在信号发生变化时及时进行切换。到了 5G 时代,判别依据更是增加了很多。

下行物理信号有：

①解调参考信号(DM-RS)；

②相位跟踪参考信号(PT-RS)；

③信道状态信息参考信号(CSI-RS)；

④主同步信号(PSS)；

⑤辅同步信号(SSS)。

上行物理信号有：

①解调参考信号(DM-RS)；

②相位跟踪参考信号(PT-RS)；

③探测参考信号(SRS)。

对于同步信号、相位信号、状态信息和探测参考信号，都要进行接收和分析，还要在全频(FR1 和 FR2)范围内实现。

基站侧也发生了巨大变化，射频部分和天线合并，基带部分分拆成 DU 和 CU，而 CU 已经和核心网融合。

从中可以看到，通信技术在融合计算机技术、集成电路技术等的基础上，正发生着日新月异的变化。

6.3.2 关于汽车

汽车本来是载人载货的工具，和通信的关系不大。这里给大家介绍汽车的通信技术，是为了让大家全面了解通信技术应用的广泛性。

先谈汽车总线。美国汽车工程师协会下属的汽车网络委员会按照协议特性，将汽车总线分为 A、B、C、D 四类：

A 类总线面向传感器或执行器管理的低速网络，它的位传输速率通常小于 20 kb/s，以 LIN 总线为代表。

B 类总线面向独立控制模块间信息共享的中速网络，位传输速率一般在 10～125 kb/s，以 CAN 为代表。

C 类总线面向闭环实时控制的多路传输高速网络，位传输速率多在 125 kb/s ～ 1 Mb/s。其本质是高速 CAN。

D 类总线面向多媒体设备、高速数据流传输的高性能网络，位传输速率一般在 2Mb/s 以上，用到的传输介质也有好几种。其又被分为低速(以 IDB-C 为代表)、高速(以 IDB-M 为代表)和无线(以蓝牙为代表)三大范畴。

近年来，车联网处于稳步发展之中。车联网就是车辆物联网，是以行驶中的车辆为信息感知对象，借助新一代信息通信技术，实现车与车、人、路、服务平台之间的网络连接，提升车辆整体的智能驾驶水平，为用户提供安全、舒适、智能、高效的驾驶感受与交通服务，同时提高交通运行效率，提升社会交通服务的智能化水平。当前自动驾驶和 5G 移动通信技术的结合将助推车联网向全面实用化迈进。

6.4 进一步思考

6.4.1 产品观

1. 科特勒

菲利普·科特勒在《营销管理:分析、计划、执行与控制》的修订版中,将产品概念的内涵由三层次结构说扩展为五层次结构说,即包括核心利益(core benefit)、一般产品(generic product)、期望产品(expected product)、扩大产品(augmented product)和潜在产品(potential product)。由于菲利普·科特勒在其著作中更多的是对每个层次的含义进行解释,并没有将它与三层次结构说的差异进行比较,因此,这个新概念在引入国内后仍被简单地理解为"内涵不断扩展,层次不断深化",即被认为是"顾客满意学说在产品上的具体体现"。

2. 马克·佩里

马克·佩里博士在总结若干学者的观点之后认为,产品属性包括内在、外在、表现和抽象四项内容。

内在属性指产品的物理组成。

外在属性指不是产品物理组成部分,且可以在不使用的情况下进行评估的属性,包括品牌、包装、服务和价格等内容。

表现属性指产品发挥作用的方式,只有通过使用才能对其进行评估。评估的方法有主、客观两种。

抽象属性指将多种属性包含的信息集合在了某一种属性当中,包括加权多种属性、用户意向属性和使用情境属性。

3. 产品形态

产品形态是产品信息的载体,基于形态语意学的创意设计是运用独特的造型语言,利用产品形态这种无声的媒介向外界传递产品的基本内容,达到"无声胜有声"的艺术境界。随着科技的发展和生产工艺的进化,我们要更加注重产品形态语意的表达,一个好的形态反映了时代的精神面貌,迎合了人们的审美趣意,甚至影响和引导着人们的消费习惯。譬如我们看到一部款式新颖的手机时,观察其圆润的边框设计、精致的表面质感,欣赏搭配了优美音效的开机动画,再回味品牌的内涵,一定会为此感到动心,这就是产品的形态"传情达意"的作用。Apple系列产品对形态的极致追求是其获得成功的关键因素之一,小米系列产品也在形态方面获得了大众的认可。

然而传统的产品设计以使用性为主要目标,更多考虑的是产品功能的实现、结构的合理,而很少把人作为设计的目标,在满足物质需求的基础上忽略了精神与情感方面的需求。具体到电子产品设计而言,造型上存在色彩单调、搭配不当、线条生硬、显示装置不够人性化等诸多问题。外在造型的低下可能导致整体品质大打折扣,失去国际竞争力。电子产品设计作为人类智慧的产物,是由若干个相互联系的要素构成的集合体,包括功能、结构、形态、色彩以及环境等要素,应通过运用形态语意学的设计理念创造出更时尚、更美观的电子产品。特别是在信息化时代,要求电子产品实现人机交互简单化、功能智能化,还要做到节能环保。

4. 产品与创新

产品创新应从产品的结构、功能、可操作性、可持续性及与环境的匹配性等层面进行分析、设计、试制、试验等,减少创新活动的盲目性,以此来提高创新的效率及效果。

6.4.2 质量和成本的关系

产品质量是社会普遍关注的焦点问题。影响产品质量的因素众多,在产品的整个生命周期强调质量的重要性是必要的,产品质量不好会影响市场,比如很多食品因出现质量问题而一夜之间被市场抛弃。但质量和成本之间有时会发生矛盾,很多情况下提高质量意味着成本增加,一味强调质量会增加巨大的成本,甚至会出现亏损。作为一名产品开发工程师,必须要在强调质量和控制成本之间取得合理平衡,一丝不苟地把控质量,千方百计地降低成本,为社会提供质优价廉的好产品。

6.4.3 专利的负面效应

专利制度保护了发明人的权益,极大地激发了人们进行创造性技术活动的热情。专利能有效地保护发明创造,发明人把其发明申请专利,专利局依法将发明创造向社会公开,授予专利权,使发明人在一定期限内对其发明创造享有独占权,把发明创造作为一种财产权予以法律保护。这样可以鼓励公民、法人搞发明创造的积极性,充分发挥全民族的聪明才智,促进国家科学技术迅速发展;也有利于发明创造的推广应用,促进先进的科学技术尽快转化为生产力,促进国民经济的发展;同时能促进发明技术向全社会的公开与传播,避免对相同技术的重复研究开发,有利于促进科学技术不断发展。但因为专利在一定时间内具有独占性,在一定情况下需要付费使用,从而不利于迅速转化、推广。很多专利获得授权后,权利人没条件实施,其他人又不能实施,慢慢也就荒废了。一个成熟的工程师要有利用专利保护自己劳动成果的能力,更要在推广自己的劳动成果并将其转变为生产力上下功夫,不能为了专利而专利,忘记了专利为社会服务的根本。